離職率ゼロ!
部下が辞めない

1on1
ミーティング!

竹野 潤

自由国民社

はじめに　「部下育成」それはマネジャーのあなたも成長すること

この本を手に取ったあなたは、現在どのような悩みを抱えていますか？　「部下とうまくコミュニケーションがとれていない」、「部下との間で頻繁にトラブルが生じる」、「部下がすぐに辞めてしまう」といったものでしょうか。こういった悩みの多くは、正しいやり方で１on１ミーティングを行えば、解決できます。本書には「１on１ミーティング」を軸とした人材育成のノウハウをギュッと詰め込みました。みなさんの人材育成に関する悩みに対し、「今まで気付かなかった」「そういうやり方もあるのか」など、たくさんの気付きを与えることができると確信しております。

近頃は、「心理的安全性」「エンゲージメント」など、人材育成に関する用語をよく耳にするようになりました。みなさんも一度は聞いたことがあるのではないでしょうか。ただ、これらについてきちんと学ぶ機会があったという方は、あまりいないのが実態でしょう。おそらくみなさんも、具体的なやり方もロクに教えてもらえないまま、手探りで人材育成に取り組んでいるのではないでしょうか？　私は、そんなみなさんを助けたい一心で、本書を書きました。

申し遅れました。私は竹野潤（たけのじゅん）と申します。損害保険会社の三井住友海上火災保険でひとつのチームをあずかるサラリーマンマネジャーです。マネジャーとしての経歴は8年になりますが、その道は決して平たんなものではありませんでした。

プレーヤーとして一定の実績を残していた私は、晴れて全国上位10％に入る大型チームのマネジャーに昇進しました。意気込んで着任したのも束の間、私はすぐに「マネジメント」の壁にぶつかります。期日を守らない部下。素直に言うことを聞いてくれない部下。もちろん人事評価などやったことがありません。到底人材育成に手を回す余裕はありませんでした。自分の理想とは程遠い現実に苛立っていた私は、部下に対してもかなりキツく当たっていました。今から思えばパワハラの領域に足を踏み入れていたかもしれません。

それでも私は〝我流〟で何とかチームを回そうと懸命に努力しました。2年目に入りようやく周りが少しずつ見えるようになり、業績も上向いてきましたが、会社はそこまで待ってくれませんでした。2年目が終わる2月末に、売上が半分以下のチームへの異動を命じられました。サラリーマン人生の中で最も大きな挫折を味わいました。

しかし、この挫折が、私の心に火をつけました。ここから私はマネジャーとして本格的にスタートを切りました。５００冊以上のマネジメント書籍の読破、産業カウンセラー資格の取得、マネジャー向け社外講座の受講など、マネジャーとしてのスキル・ノウハウを学ぶために必要なことを片っ端からやりました。１ｏｎ１ミーティングにも、かなり早い段階から取り組み始めました。そのため、過去（5年間）に実施した面談の回数は既に４００回を超えています。

私は、１ｏｎ１ミーティングを通して、部下とのコミュニケーションのとり方からマネジメントのイロハまで、様々なことを学んできました。さらには、部下に納得してもらえる人事評価の手法も編み出しました。

本書には、私が8年間のマネジャー人生の中で培ってきた「人材育成」のノウハウ・スキルが、ぎっしり詰まっています。これらはいずれも、私が挫折しそれを乗り越える過程で会得してきたものです。業績は「人材育成」がすべてと言っても過言ではありません。本書を読みその内容を実行していただければ、必ず業績は向上します。みなさんがすぐに実行に移せるよう工夫も凝らしました。本書がみなさんの今後の人材育成に役立つのであれば、私にとって望外の喜びです。

人材育成は、部下の人生に影響を与える仕事です。同時に、マネジャー自身を成長させるものでもあります。つまり、１ｏｎ１ミーティングは、あなた自身を成長させる絶好の機会でもあるのです。あなたの部下と、あなた自身の人生をより豊かなものにするために、さあ、真の１ｏｎ１ミーティングの扉を開けましょう。

目次

第4章

第 1 章

1on1ミーティング
成功の条件、
「マネジメント」を固める

１ｏｎ１とは

そもそも１ｏｎ１ミーティングとは何か

「１ｏｎ１ミーティング」という用語は、かなり社会に浸透してきた感じがします。Googleで検索すると、「定期的に上司と部下が1対1で話し合うこと」（出典：日本の人事部）といった説明が出てきます。要するに、**１ｏｎ１ミーティングとは、マネジャーと部下が1対1の面談をすることなのです。**しかし、マネジャーの空いた時間に部下に声をかけて行う対話や、ちょっとした立ち話などとは違います。１ｏｎ１ミーティングは、目的を明確にして定期的に行うことが必要です。

１ｏｎ１ミーティングを行う場所

まずは場所です。第三者に聞こえないよう、**マネジャーと部下だけの空間を確保し、部下が何でも話せる場所を確保することが必要です。**１ｏｎ１ミーティングでは、部

	1on1ミーティング	
目的	部下の人材育成。マネジャーは部下の話を「聴く」ことを意識する	
場所	マネジャーと部下だけの空間で行う。できるだけ個室を用意する	
頻度	定期的に行う。毎月開催を推奨	
面談時間	15分〜1時間程度が目安。時間が短く、回数が多い方が良い	
対象者	10名以下	マネジャーが自ら全員と面談する
	10名以上	チームのNO.2などと分担して行う

下のプライベートな話題に及ぶこともありますので、職場フロアの端っこやカフェなどは避け、できるだけ個室を用意した方が良いでしょう。

1on1ミーティングを行う頻度・1回あたりの面談時間

次に頻度と面談時間です。1on1ミーティングをどれくらいの頻度で行うのかは、企業によって異なります。近年は1on1ミーティングを採用する企業も増えてきましたが、年に数回だけ実施している企業もあれば、毎週実施している熱心な企業もあります。**部下の人数にもよりますが、本書では「月1回行うこと」を強く推奨しています。**

面談時間についても、「これが正解」というものはありませんが、15分〜1時間くらいを目安に行うのが良いでしょう。毎月実施していると、話があまり盛り上がらない時も出てきます。そんな時は10分で終わってしまっても気にすることはありません。時間を意識してダラダラと長く続けるよりはマシです。ただし、話が盛り上がった時も、1時間くらいで終えるよう心掛けてください。時間の長い１ｏｎ１ミーティングは、マネジャー、部下ともに次第に負担になってきます。次の週にもう一度実施するなど、回数を分けてください。長くて回数が少ない１ｏｎ１ミーティングより、短くて回数が多い１ｏｎ１ミーティングの方が効果的です。

1on1ミーティングの対象者

次は面談の対象者です。正社員やパート、派遣社員など、企業によって人員構成は異なりますし、マネジャーが受け持つ部下の人数によって、毎月面談できる人数も変わります。後の章で詳しく説明しますが、**部下が10名以下の組織であれば、職種を問わず、全員と面談することをオススメします。10名以上の組織であれば、マネジャーの代理者や、チームのNo.2と役割分担するといった工夫が必要です。**ただしその場合、代理者には１ｏｎ１ミーティングのやり方をきちんと教えておくことが必要です。

んが、大丈夫です。安心してください。本書を読み進めていただければ、必ず部下との実りある１ｏｎ１ミーティングができるようになります。１ｏｎ１ミーティングがしっかり機能し始めるようになると、今までマネジャーには見えていなかった部下の一面が、だんだんと見えるようになってきます。マネジャーには分かっていなかった部下の考えも、理解できるようになります。

そしてもう一つ、お伝えしたい大切なことがあります。それは、１ｏｎ１ミーティングを通じて、「マネジャー自身が成長できる」ということです。部下に向き合うということは、自分自身と向き合うということでもあります。私自身も、１ｏｎ１ミーティングを通じて部下に育ててもらいました。

〝１ｏｎ１ミーティングの時間は、部下を育成する機会であると同時に、マネジャー自身が成長する機会でもある〟と考えていただき、本書を読み進めてください。

マネジメントができないと人材育成どころではなくなる

マネジャーがこなすべき3つの仕事

「マネジャーの仕事は何だと思いますか?」と聞かれたら、あなたはどう答えますか?「業績目標の達成」「労務管理」「部下の人事評価」など、様々な答えがあると思いますが、**私はマネジャーの仕事は3つしかないと考えています。それは「マネジメント」「人材育成」「業績」です。**それらはピラミッドの形をしていて、下から1階部分が「マネジメント」、2階部分が「人材育成」、3階部分が「業績」の順に乗っかっています。つまり、ピラミッドを支える土台部分である「マネジメント」が成り立たないと、2階の「人材育成」、3階の「業績」も成り立たないと考えてください。マネジャーにとって「マネジメント」はできて当たり前。厳しい言い方をすると、できないマネジャーは〝失格〟です。

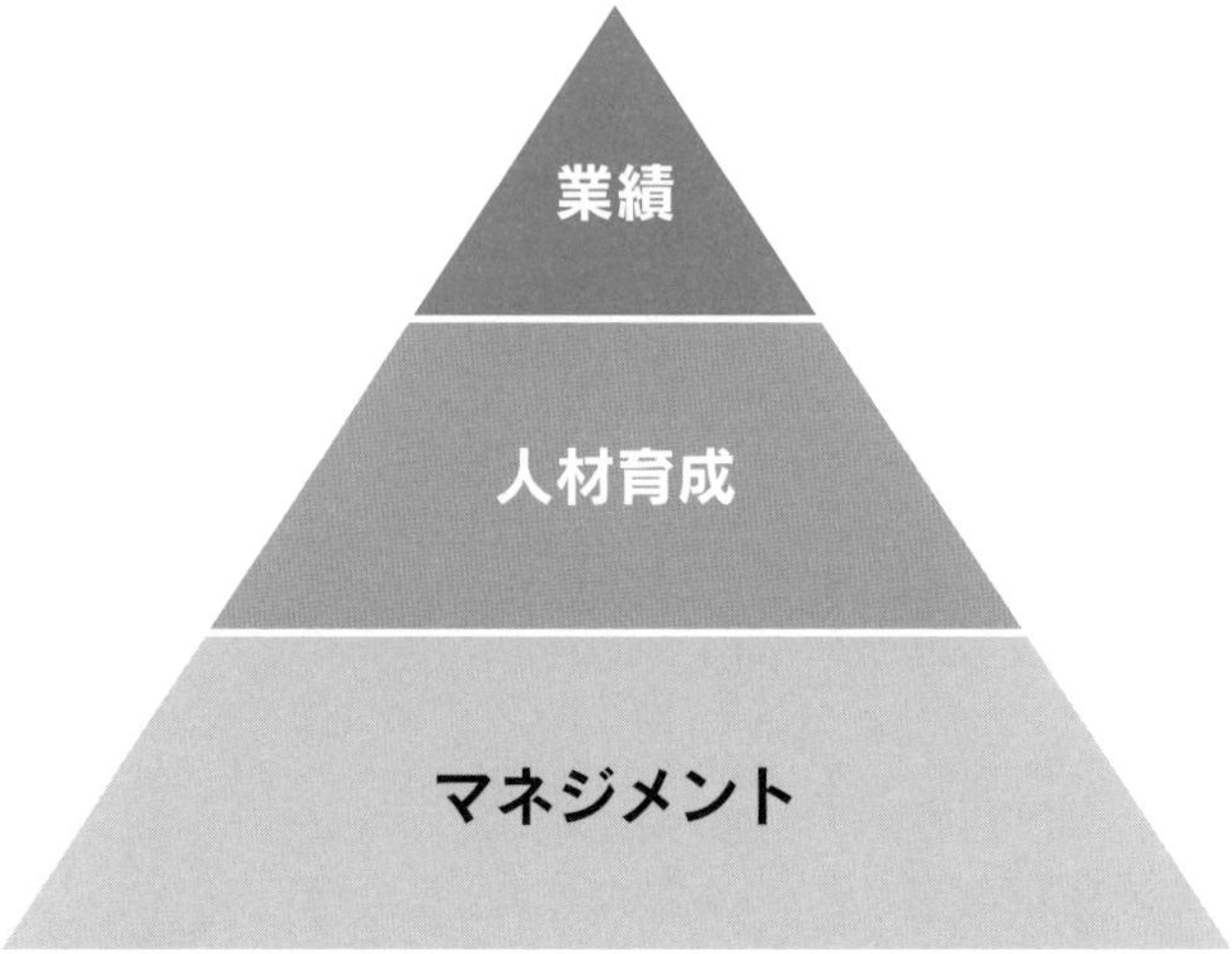

マネジャーの最も大事な仕事は２階部分の「人材育成」です。１階２階をおろそかにして、３階の業績ばかり追求すると、組織にひずみが生じます。そのひずみはパワハラ、部下のモチベーション低下、ひいては離職という形になって現れます。１階２階部分をしっかり作ることができれば、３階部分の「業績」はあとからついてきます。それでも業績が悪かったら、その時はあきらめてください。業績が悪い場合に責任をとるのもマネジャーの仕事です。

立ちはだかるマネジメントの壁

こんな偉そうなことを書いている私も、何を隠そう「マネジメント」ができない〝失格〟の烙印を押されたダメマネジャーでした。私がマネジャーとして最初に着任したチームは、売上が全国上位10％に入る大型のチームでした。ところが業績はボロボロ。着任前年に他社との競争に敗れて業績が落ち始め、私が着任した時には全国最下位にまで落ち込んでいました。「よし、これより下はない。俺が業績を回復させてやろう！」と割り切り、意気込んで着任しました。

ところが、新米マネジャーの私の前に「マネジメント」という壁が立ちはだかりました。私の会社には、自分が使用する会社の車の走行距離を、システムに毎月入力するというルールがあります。誰にでもできる簡単な毎月のルーティンワークです。ところが、期日までに入力している部下の方が少ない状態。「先月の走行距離が入っていないぞ」「すみません忘れていました。マネジャー、入力しといてもらっていいですかぁ？」といった感じなので、仕方なく一人ずつ確認して自分で入力していました。

ルーティンワークだけでなく各自の担当業務についても、「本社から来ているこの報告案件、誰がまとめているんだ？」「知りませーん」といったありさま。おまけに、毎日夜8時とか9時までダラダラ仕事をしている部下もおり、労務管理面でも問題を抱えていました。つまり、ガバナンスが全くできていない状態だったのです。これでは業績を上げるどころか、人材育成すらままならない。そう考えた私は、期日管理・役割分担・労務管理といった（1階部分の）「マネジメント」から始めました。

人材育成を始めるその前に──「マネジメント」の土台を築く

本書は1on1ミーティングについての本ですが、先述したとおり、2階部分の「人材育成」は、1階部分の「マネジメント」の土台ができていることが大前提です。

また、1on1ミーティングを機能させるためには、普段から部下としっかりコミュニケーションがとれていなければなりません。そのため、第1章は「マネジメント」、第2章は「コミュニケーション」をテーマに書きました。

「マネジメントも部下とのコミュニケーションもバッチリ！　1on1ミーティングのやり方が知りたい！」という方は、読み飛ばして第3章から読んで下さっても構いません。しかし、1章・2章にはマネジャー歴8年の私が現場で学んできたことを詰め込んでいます。目を通して、是非一つでも参考にしていただけると幸いです。

マネジメントで最も大事なことは「役割をはっきりさせること」

マネジメントの土台を築く「役割分担」

マネジャーの仕事をピラミッドにたとえると、下から「マネジメント」「人材育成」「業績」の3つだと説明しました。ピラミッドの形を思い浮かべてみてください。一番下の部分が最も広くなっていますね。この1階部分の「マネジメント」には様々な業務が含まれるため、マネジャーにとって最も重要かつ大変な仕事になります。「マネジメント」部分の出来不出来が、「人材育成」「業績」に大きな影響を与えます。

世の中の〝超〟忙しいマネジャーたちの中には、3階部分の「業績」ばかり追いかけているタイプもいます。いわゆるプレーイングマネジャーです。このタイプのマネジャーがいる組織は、マネジメントが体をなしていないため、いずれどこかでひずみが生じます。では、マネジャーとして組織をいかに「マネジメント」していけば良いのでしょうか。**その答えは「役割分担」にあります。**

リーダーを任命し、責任の所在を明らかにする

私は「労務管理」と「お金の管理」以外は、すべて部下に役割を分担させています。「会議の運営」「重点推進項目」「社内報告業務」「コンプライアンス」「他部署との連携業務」などすべての項目に「リーダー」を任命し、部下全員に役割を与えています。これらを一覧表にまとめ、誰が何の項目のリーダーであるのかを〝見える化〟すると同時に、リーダーはその項目の〝チームの最終責任者である〟ということを明確に伝えています。これは「仮にその項目の目標が達成できなかったとしても、マネジャーである私はチームの中では責任を負わない。すべてはそのリーダーの責任である」ということを意味します。ここでひとつ、新商品の売上目標が会社から降りてきた時の、私のチームのミーティング風景をご紹介します。

私

「新商品の売上目標は○○件です。リーダーのAさん、どうやって達成しますか？」

部下A

「こういった販売促進策を考えています」

私

「他のメンバーのみなさんはどうですか？　この販売促進策で目標は達成できそうですか？」

部下B

「少し詰めが甘い気がします。前回の新商品発売の時、同じような販売促進策で目標を達成できませんでした。もう少し突っ込んだ対策が必要だと思います」

私

「Aさんどうですか？」

部下A

「前回のことを思い出しました。反省を生かして、別の対策も考えてみます」

私

「分かりました。では他のメンバーもAさんにアイデアを出してください。
Aさんはメンバーの意見も取り入れた対策をもう一度考え、来週の会議

で発表してください」

部下A  「承知しました」

お気付きのとおり、最後の指示を除き、**私の発言は質問のみです**。リーダーであるAさんにすべて考えさせ、他のメンバーも〝巻き込ませる〟ことがポイントです。そうすることで、リーダーであるAさんに責任感が生まれ、〝自分事〟として考えるようになります。このようにして、達成すればAさんの功績、できなければAさんの責任、であることをはっきりさせます。マネジャーとして、部下が立てた方針に不安を覚えることもありますが、任せた以上は部下を信頼する、マネジャーとしての〝覚悟〟も必要です。もちろん「達成できなかった時の、会社に対する最終責任はマネジャーにある」ことは、メンバーにはっきり伝えておく必要があります。

1on1で役割を確認する

販売促進を例に挙げましたが、管理業務も全く同じです。このように、役割分担を徹底することで、マネジャーに時間の余裕が生まれるだけでなく、圧倒的な速さで、部下に成長を促すことができます。**ここで大切なことは、「１ｏｎ１ミーティングで部下の役割分担を必ず確認する」ことです。**自分がリーダーを任された項目の進捗・結果に対し、良くも悪くも部下がどう認識しているのか、１ｏｎ１ミーティングで確認してください。

　しかし、結果が悪い時も、決して原因追及してはいけません。そういった時の、部下との対話のやり方や、具体的な聴き方は、後の章に譲ることにします。

部下の期日管理はこれでバッチリ、遅れた理由を全員の前で発表させる

多くのマネジャーを悩ませる「部下の期日管理」

組織の中で〆切が設けられている業務は、たくさんあります。毎月決まっているルーティン業務から、本社から随時降りてくる報告業務、上司から指示される至急案件など様々ですが、それらにはすべて期日が定められています。期日管理はマネジャーの大切なマネジメント業務の一つで、マネジャーの評価基準のバロメーターです。期日管理が甘い組織は、〝ガバナンスが機能していない〟、つまりマネジャーがきちんと管理できていない組織とみなされます。1章の冒頭でも触れたとおり、私もマネジャーになりたての頃は全く期日管理ができていませんでした。というより、期日管理のやり方が分からなかったのです。

本書を読まれているマネジャーのみなさんは、プレーヤー時代に会社から評価され

てマネジャーに昇進された方だと思います。「期日を守ることなど基本中の基本」という感覚をお持ちだと思いますし、事実そうされてきたと思います。私もプレーヤー時代はそうでした。

ところが、マネジャーになって最初にぶつかった壁が、部下の「期日管理」でした。手のかかる業務から、1分で終わるような簡単な報告業務まで様々な業務がありますが、期日までに完了させる部下は半分しかいないという状態でした。〆切を守らない部下には、個別に指摘・指導していました。しかし、次の週には別の部下が〆切超過するといった、いわゆる〝モグラたたき状態〟に陥っていました。

これではキリがないと考えた私は、部下全員を集めた緊急ミーティングを開き、期日管理の徹底を促しました。これでしばらくは引き締まったのですが、1ヵ月も経たないうちに、また期日を守らない部下が現れました。当初、私がマネジメントに忙殺されていた理由の一つが、この「期日管理」でした。当然、直属の上司や本社の各部署にも迷惑をかけるわけで、私は〝だらしないマネジャー〟という烙印を押されてしまいました。

「〆切チェック表」を使えば、悩みはすぐに解消される

こんな状態では人材育成どころではありません。**この悪循環を断ち切ろうと必死に考えた末、私が編み出したのが「〆切チェック表」です。**エクセルに〆切項目・期日・部下の名前を入れただけの、簡単なエクセル表です。〆切期日は事前にアナウンスしておきます。完了したら、部下自身が「済」と入力するだけの簡単なものです。ただし、この「〆切チェック表」には、活用の〝コツ〟があります。

まず、**〆切翌日までは絶対にマネジャーから部下に声をかけないことです。**〆切当日になっても「済」が入力されていないと不安になりますが、ここはグッと我慢してください。そしてその不安はだいたい的中します。〆切を守れなかった部下が判明したところでマネジャーの出番です。もちろんこの時点で〆切は超えてしまっているわけですが、最初のうちは〝生みの苦しみ〟だと思って我慢してください。

マネジャーは「済」が入力されていなかった部下の名前を、会議の時などに全員の前で公表します。もちろん、このご時勢ですから言い方には気を付けてください。「AさんとBさんは『済』のチェックが入っていませんが、どうなっていますか？」といった感じです。理由を聞いたら「次からはお願いしますね」これだけで十分です。本

〆切 チェック表	〆切 項目 ①	〆切 項目 ②	〆切 項目 ③	〆切 項目 ④	〆切 項目 ⑤	〆切 項目 ⑥	〆切 項目 ⑦
	〆切 5/27	〆切 6/10	〆切 6/20	〆切 7/8	〆切 7/10	〆切 7/13	〆切 7/19
	済サイン	済サイン	済サイン	済サイン	済サイン	済サイン	済サイン
竹野	済	済	済	済	済	済	済
部下A	済	済	済	済	済	済	済
部下B	済	済	済	済	済	済	済
部下C	済	済	済	済	済	済	済
部下D	済	済	済	済	済	済	済
部下E	済	済	済	済	済	済	済

※ 期日を超えた部下は一目で分かるようセルに色付け

人たちも反省していますから、それ以上問い詰めたら逆効果ですので気を付けてください。

最初のうちは何度か繰り返す部下もいるかもしれませんが、**〆切を守れなかった理由を全員の前で何度も報告するのは嫌ですから、部下の期日管理に対する意識は確実に改善されていきます。**この「〆切チェック表」で、あなたが〝期日管理にこだわるマネジャー〟という意識を部下に植え付けてください。たったこれだけで、ガバナンスが機能している組織に生まれ変わります。

会議は終わりの時間厳守、これで部下の集中力は格段にUPする

生産性の低いダラダラ会議

みなさんの中にも、終了予定時刻を過ぎてもなかなか終わらないダラダラした会議に出席した経験がある方は多いのではないでしょうか？　もっとも、Zoomなどを使った会議では、設定した時間が来ると接続が切れてしまうため、リモート会議が増えてからは終了時間に対する意識は少し上がってきたように感じます。しかし、集合形式のリアル会議では、終了時間を厳守する会議は、まだまだ少ないのではないでしょうか。いつ終わるのかが分からない会議は、ゴールのないマラソンのようなものです。集中力のペース配分ができないので、議論も雑になりがちです。

会議を必ず1時間で終わらせる方法

私のチームでは週1回の定例会議を開催していますが、**会議時間は「1時間以内」**

と厳格に決めて運営しています。早い時は30分で終わることがある一方、1時間経過してもすべての議題が終わらない場合は、議論の途中でも終了します。残った議題はメールで共有するか、急ぎでなければ翌週に持ち越します。

また、会議のペースが遅そうであれば、私が自ら「ヤバい、あと10分しかない」などとあおることもあります。それを聞いた部下たちの間には、絶対に時間内に終わらせないといけないという緊張が走り、発言者もできるだけ要点を絞った分かりやすい発言を心掛けるようになります。「あと何分です」と声をかける、会議の中でのタイムキーパー役を置くのも良いかもしれません。

要点を絞った説明が苦手な人や、話が脇道にそれがちな人など、どこの組織にも会議で時間を浪費する部下はいます。1時間では終わらなさそうだと思ったら「今日は議題が多いです。発表者はできるだけ簡潔に要点を絞った発言を心掛けてください」と会議の冒頭で釘を刺しておきます。そうすると、「自分の責任で会議が途中で終わってしまったらメンバーに申し訳ない」という意識が芽生え、発表内容を工夫するようになります。

この〝会議1時間厳守ルール〟が徹底されてくるようになると、会議に臨む部下のスタンスに少しずつ変化が現れます。私のチームでは、週1回の定例会議において、現在発生している未解決事案の確認をします。お客さまからいただく書類が不足している案件の確認などです。今までは部下が案件の内容を把握していないケースが多く、会議の中で「ああでもない、こうでもない」と議論しているうちに時間が経過するケースが多くありましたが、〝会議1時間厳守ルール〟の浸透で、部下が内容を把握して会議に出席するようになり、随分と時間を短縮できるようになりました。

また、**未解決事案の期日も、具体的な期日を指示するようにしています。**「今月中に処理します」ではなく、「○月○日までに処理します」と部下自身に期日を宣言させて、次回の会議ではその結果を確認する、という運営をしています。そうすることで、会議の中で議論する時間が削減できるだけでなく、未解決事案の処理スピードも上がります。

私のチームでは、最近、リアル会議にZoomの画面共有を使った方法を取り入れています。パソコンを使った会議方式は以前から導入していましたが、部下によって目的のサイトにアクセスする時間に差があったり、〝迷子〟になる部下がいたりと、議論以外の時間ロスが発生していました。リアル会議でも、Zoomの画面共有機能を使えば、ＰＣ操作するのは発表者のみで、その場にいる全員が同じ画面を見て時間差なく議論できるので、かなりの時間短縮が図れます。

　会議の時間に厳格なルールを設けて、部下の緊張感が途切れない、中身の濃い会議をつくり上げてください。

「着手ライン」で劇的スピードアップ、「いつまでに着手できる？」

「デッドライン」を設定しても、着手が遅いと意味がない

仕事にはすべて「納期」があります。マネジャーのみなさんは、部下が作る報告書や提案書の内容をチェックして仕上げるだけの時間を確保しておく必要があるので、ある程度〝サバ〟を読んで部下に納期設定している方も多いと思います。

『巧《こう》遅《ち》拙《せっ》速《そく》』は、私が心掛けている仕事スタイルの一つです。「多少の出来は悪くても、迅速である方が良い」という意味です。私も若い頃は、納期ギリギリに提出することが多く、上司からよく叱られていました。〝仕事ができる社員は相手に時間を与える、仕事ができない社員は自分に時間を与える〟。これは私の元上司から教わった心得で、大切にしている言葉です。

お客さまへの提案書など、ある程度仕上げるのに時間がかかるものを、部下が納期ギリギリに出してきて焦ったという経験がある方も多いと思います。部下の経験値が低い、指示が曖昧、作成途中でのチェックを怠った、など様々な要因があるのですが、**一番の原因は「着手が遅い」ことです。**部下も様々な自分の仕事を抱えているので、マネジャーから指示された提案書の作成は〝プラスα〟の仕事のはずです。ついつい着手が後回しになってしまい、夏休みの宿題のように納期ギリギリに着手し、完成物のクオリティが低くなってしまうというパターンです。

「着手ライン」を設定すれば、後回しがなくなる

私がやっていることは、デッドラインならぬ〝着手ライン〟の設定です。部下の納期であるデッドラインを設定することは当然なのですが、いくらデッドラインを意識させても、部下が着手しなければ意味がありません。これを防ぐために「着手ライン」を設定するのです。

例えば、提案書提出のデッドラインを2週間後に設定したとします。それと同時に「いつまでに着手できる?」と部下に聞きます。部下が答えた着手日が遅いと感じた

ら「それで間に合う？」と聞き返してください。それを聞いた部下は「そうか、この日に着手していては、提案書が十分に仕上がらないとマネジャーは考えているのか」というメッセージを感じ取り、着手ラインを考え直します。「大丈夫です」と答えた時は、「わかった」と思い切って任せるようにしてください。「大丈夫です」と答えたことで、部下にはデッドラインまでに提案書を仕上げる責任感が芽生えているはずだからです。

人間は、もともと面倒くさがりな生き物で、手間のかかる仕事はついつい後回しにする習性があります。ところが、人間の脳はいったん動き始めたら、その動きを止めるのにもエネルギーを必要とします。すると今度はその動きを続ける方が合理的だと判断します。だから、嫌な仕事でも、いったん始めれば集中して続けられるのです。「着手すれば、その仕事は半分終わったも同然」と言われるゆえんです。

私はランニングを趣味にしているのですが、夏場はともかく、寒い冬場は外に出る勇気が出ず、心がくじけてしまうことがあります。そんな時は「ジャージに着替えたらこっちのものだ」と思い、ジャージに着替えることを着手ラインに設定します。私は今までジャージに着替えた後「やっぱ寒いから今日はやめとこ」とジャージを脱いで、ランニングを断念したことは一度もありません。

あなたも、この「着手ライン」を是非意識してみてください。あなたが着手ラインを設定しさえすれば、部下は必ずデッドラインまでに仕事を仕上げてきます。そして、部下が作る完成物のクオリティも必ず上がるはずです。

部下が自ら「報・連・相」に来ないのは、「やってもムダ」だと思われているから

「報・連・相」は、ひとつじゃない――「連絡」と「報告」の違い

新入社員の頃から「報告・連絡・相談」、いわゆる〝報・連・相（ほうれんそう）〟が大事であることを教える会社は多いと思います。私自身も、社会人の基本として、上司から厳しく教えられました。読者のみなさんも、当たり前のように身体に染みついている方が多いと思います。

ところが、マネジャーになって部下を持つようになると、この当たり前のことができない部下が多いことに驚いた方も多いのではないでしょうか？「なんで今頃こんな報告をしてくるんだ？　報・連・相は社会人として当たり前だろ⁉」と、つい言いたくなる気持ちもよく分かります。

この「報・連・相」、まとめて論じられることが多いのですが、それぞれの意味合いは全く異なります。まずは「連絡」。これは、お客さまとのアポイントの日程、社内会議の場所・時間など、自分だけが知っている、相手に伝えないといけない情報を伝達する行為で、それを怠るとトラブルに発展する可能性が高いものです。情報を持っている側の義務とも言えます。連絡を怠るとどんなトラブルが発生するかを部下にきっちり教え、連絡することを忘れないよう必ずメモをとるクセをつけさせるなど、マネジャーが部下をしっかり教育してください。

「報告」はひとつじゃない？――部下の頭の中の「報告」

次に「報告」です。部下は、「連絡」は必ずしなければならないと考えていますが、「報告」については「しなければならない報告」と「しなくてもよい報告」を頭の中で無意識に分けています。この「しなくてもよい」と部下が考えている報告の中に、重要な情報が埋もれていることがよくあります。では部下が「しなくてもよい」と考えている報告とはどういったものでしょうか？

部下が「しなくてもよい」と考えている報告には2種類あります。ひとつは「や

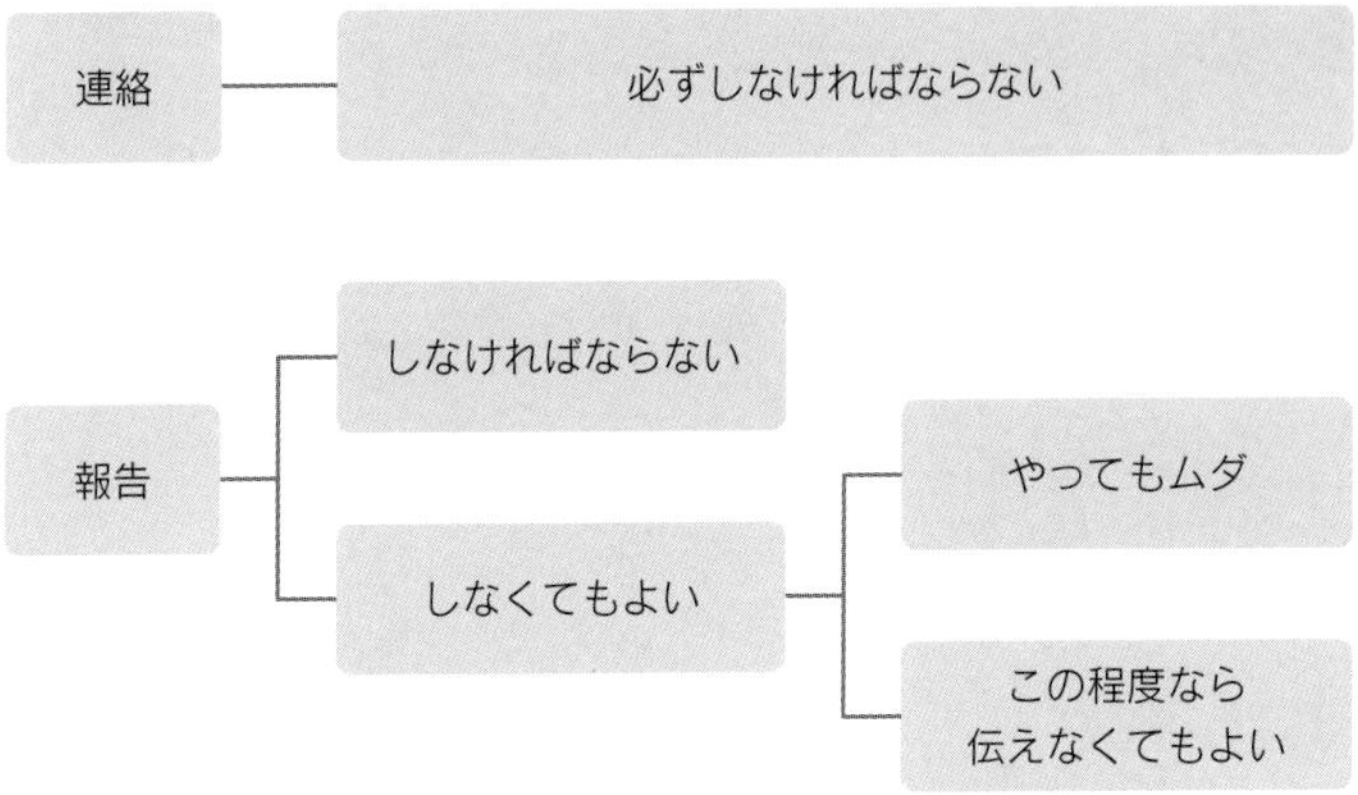

てもムダ」と思っている報告です。部下にとってマネジャーへの報告業務は、プラスαの仕事です。報告してもしなくても、自分の仕事の進度に影響はない、だから面倒くさい報告はできればしたくない、と考えています。

もう一つは「この程度なら伝えなくてもよい」と部下が勝手に判断している情報の報告です。部下にとっては大した情報ではなくても、経験豊かなマネジャーにとっては、ピンチを招きかねない重要な情報であったり、チャンスになり得る貴重な情報であったりします。また、部下の視野はマネジャーより狭いです。部下の担当範囲においては大した情報ではなくても、マネジャーの立場から見れば、マーケットやチームに影響を与える重要な情報かもしれません。

あなたの部下が「報告」に来ない理由

では、部下はなぜ「やってもムダ」「この程度なら伝えなくてもよい」と勝手に判断してしまうのでしょうか？　それは、報告を受ける側であるマネジャーの姿勢に問題があるからです。

部下がマネジャーに報告する時、まず部下は報告のための時間を確保し、報告内容を頭の中で整理し、マネジャーに声をかけるタイミングを見計らいます。マイナス情報の場合には、さらに〝覚悟〟も必要です。これだけの準備を経て、部下はようやくマネジャーの席にやってくるのです。それをマネジャーが「おう、分かった」などと軽くあしらったら部下はどう感じるでしょうか？「なんだよ、忙しい中わざわざ報告してやったのに。この程度の報告なら次からはしなくてい－や」と判断してしまいます。ましてや、マイナス情報を報告した途端いきなり説教など始めたら、次から報告に対する部下の意欲は減退してしまうでしょう。こうして、重要な情報がマネジャーに上がってこない、いわゆる〝風通しの悪い〟チームになってしまうのです。

確かに、部下からの報告には、重要な情報とそうでもない情報とが混ざっています。しかし、部下はマネジャーとは立場が違いますから、情報の重要度が分からず、「報告する、しない」を部下は勝手に判断してしまうのです。部下に勝手に判断させないためにはどうすれば良いか？　それは、**マネジャーはどんな報告であっても報告してきた部下に感謝の気持ちを示すことです。**「報告してくれてありがとう」「知らせてくれて助かった」「そうなのか、知らなかった」どんな反応でも構いません。部下がしてきた報告がマネジャーにとって価値あるものだということを、部下にきちんと伝えてください。そうすることで、部下は自分の報告がマネジャーの役に立っているという実感を持ち、マネジャーに報告しやすい雰囲気ができあがります。

変わるべきは、部下ではなく、マネジャーであるあなた

「報告をきちんとしろ！」と部下の行動変容を促すより、**マネジャーであるあなたが、部下からの報告を受ける時の態度を変える方が、はるかに解決が速いです。**部下からこまめに報告がなされるようになり、マネジャーのもとに重要な情報が集まるようになると、マネジャーはより有効な対策を早い段階で打ち出せるようになります。

「言った言わない」を失くすルール、マネジャーが承認するまでが部下の役割と決める

部下との信頼関係に影響を及ぼす「言った、言わない」問題

マネジャー「Aさん、この間指示した件、まだかな？　そろそろ本社に報告しなきゃいけないんだけど」

部下A「先週、マネジャーに報告しましたよ…」

マネジャー「え？　いつ？　まだ聞いてないと思うんだけど…」

部下A「いいえ、私はちゃんとマネジャーに報告しました」

みなさんは部下とこんなやりとりをした経験はありませんか？　いわゆる「言った、言わない」問題です。もの忘れの激しい私には、この「言った、言わない」の経験がたくさんあります。さすがにお客さまとのやりとりでは慎重になりますし、メモをとったりするので、「言った、言わない」問題は起こりづらいと思います。しかし社内、特に部下とのやりとりは毎日頻繁に行われます。すべてメモしていたらキリがありません。かといって、おざなりにすると「言った、言わない」問題は、部下との信頼関係に影響を及ぼしかねません。

部下が報告したつもりになっていただけで、実際には部下が報告していなかった案件もあると思います。しかし、部下にとっての報告案件は一つであったとしても、受ける側のマネジャーは部下の人数分だけ報告案件を抱えています。いわゆる「多勢に無勢」です。部下が会話の中で「さらっと」報告することもあるでしょうし、マネジャーが他のことに気をとられて聞き逃してしまうこともあると思います。私の場合、聞き逃していたケースの方が多かったような気がします。

私は、マネジャーになりたての頃、この「言った、言わない」問題をどうすればなくすことができるのか、かなり悩んでいました。部下とのやりとりをすべて、記録に残そうともしましたが、それも長続きはしませんでした。

「責任の範囲」をはっきり示し、部下が当事者意識をもつよう促す

そんな時ふと、「自分が部下の立場だったらどうするだろう?」と思うことがありました。私の上司、つまり部長に報告する時のことを考えたのです。「私は部長に報告しましたよ」とはなかなか言いづらいですし、そもそも部長に報告した後、その案件を最後まで見届けるのが、マネジャーの責務です。「役職が違っても、これって、組織の中においては同じ理屈だよな」と気付いたのです。それから私は、報告案件に関するチームの方針を部下にはっきり示しました。

「報告や申請案件などはすべて、その案件が完了、またはマネジャーである私が承認するまでがみなさんの仕事の範囲、だと理解してください」。このように、**マネジャーと部下との間の〝責任範囲〟をはっきりと示したのです。**つまり**「もし私が忘れていても、それは部下であるみなさんの責任ですからね」と伝えることで、部下に当事者意識を持つよう促したのです。**しかしこれだけでは、マネジャーとしての責任を

転嫁したと部下から思われかねません。部下にしっかりと理解してもらうことが大切です。

「みなさんご存じのとおり、私は結構忘れることが多いです。もちろん、できるだけ忘れないように努力しますが、それでも忘れてしまうことはあると思います。だからみなさんに助けて欲しいんです」

マネジャーはすべてにおいて〝完璧〟を目指さない方が良いと思います。マネジャーが自分の〝弱み〟を見せれば、部下たちは「仕方ないなぁ、一つ助けてやるか」という気持ちになるものです。「言った言わない」問題をなくすために、是非みなさんの組織でも「責任の所在をはっきりさせる」「部下に力を貸してもらう」というノウハウを取り入れてみてください。

新人教育は「全員で役割分担」、教えることで先輩社員も育つ〝一石二鳥〟

育成を担当する社員に負担がかかる「新人教育」

私がマネジャーに昇進してから最初の3年間は、自分のチームに新入社員が毎年配属されてきていました。2人同時に配属された年もありました。基本的な会社のルールや商品知識などは、会社が新入社員研修（いわゆるＯＦＦ－ＪＴ）で教えてくれましたが、現場での教育（いわゆるＯＪＴ）は別途実施する必要がありました。社会人1年生といっても、中身はまだ学生です。名刺交換のやり方やビジネスメールの書き方、電話のかけ方など、社会人1年目として覚えることは山ほどあります。

私はもともと人材育成に関心があったので、全く色のついていない新入社員を一から育てることにやりがいを感じていました。新人教育の時間を毎週確保し、できるだけ早くチームの戦力になってもらおうと真剣に取り組んでいました。

当時、私の会社には「ブラザー（シスター）制度」という、チームで1名の育成担当者を任命して、新入社員を育成するという制度がありました。しかし、任された側からすれば、新人教育はプラスαの仕事ですので、どうしても自分の業務が優先になります。当時の私もマネジャーになりたてで、かなり仕事を抱え込んでいたこともあり、新人教育に充てられる時間は限られていました。「このままではいけない」と思いながらも、日々の業務に忙殺され、次第に新入社員に対して後ろめたい気持ちを抱くようになっていました。

寄ってたかって育てる「ファミリー制度」

私が5人目の新入社員を受け入れることになった年、新入社員に対する会社の教育体制が「ブラザー制度」から「ファミリー制度」という呼び名に変わりました。**スローガンはなんと〝寄ってたかって育てる！〟私は「これだ！」と思い、オリジナルの新入社員育成表を作成し、先輩社員全員に役割を与えました。**そして、すべての育成項目欄に「〇・△・×」を記入させ、新入社員の理解度が一目で分かるようにしました。さらに育成期日を設け、期日までにすべての育成項目が「〇」に変わるよう、先輩社員たちに指示を出しました。

新人育成計画書　～ 寄ってたかって育てる ～

	指導項目	指導担当	指導日（完了期限：7／29）			理解度	指導メモ
トップライン	予算策定	N主任	5月6日	5月31日	6月15日	○	月初、月中、最終の各報告方法を一通り指導。
	特約販売	I課長代理	6月13日			△	商品知識は○、販売力はまだない。
	クレジット関連商品	N主任	5月6日	6月14日		△	一般的な知識は習得。異例なケースがまだ分かっていない。
	大口契約	T主任	5月26日	6月3日	6月10日	△	等級入替知識がイマイチ。
	企業物件	I課長代理	6月13日	7月21日		△	優良割引率の計算知識に難あり。
	代理店指導	N主任	5月13日	6月1日		○	基本項目はマスター。
	トップ提案	I課長代理	6月6日	7月5日		△	提案書作成から指導。
	代理店手数料	I課長代理	6月6日			○	手数料概要、担当代理店の振り返りを実施。
	販売品質制度	S課長代理	7月11日			○	基本知識は説明済み。
システム	T系	N主任	5月6日			△	概要は理解。
	M系	S主任	5月18日			△	概要は理解。
	S系	S主任	6月1日	6月8日		○	概要は理解。操作方法を指導中。
内務事務	申込書・変更届出書作成	T主任	5月26日	6月3日	6月10日	○	一通り指導。正確性がまだ不十分。
	満期管理	T主任	5月19日	5月26日	5月27日	○	基本的な考え方は理解。
	収納管理	S主任	7月27日	7月25日		△	イレギュラーケースがまだ理解できていない。
	TODO	S主任	6月6日			○	基本的な対応は理解。
	自賠責	Kパート	5月23日	5月24日		○	全般的な知識は理解済み。
新種保険・生保		S課長代理	7月2日	7月5日		×	全部はまだ指導しきれていない。
商品知識		S主任	6月6日	6月18日		△	自動車保険以外に不安あり。
事故対応		N主任	5月26日			△	実際の事故受付が未経験。
車両紹介活動		N主任	5月6日			○	会社方針は理解した。実務はこれから。
各種指標把握		N主任	5月6日			△	代理店ごとのルールの理解が不十分。
テリトリー制度		I課長代理	6月13日			○	説明済み。
コンプライアンス	コンプライアンス全般	T課長	7月12日	7月28日		△	コンプライアンスに対する基本スタンスは理解した。
	苦情対応	T課長	7月12日	7月28日		×	苦情入力業務が全くできていない。
	異例取扱	T課長	7月12日	7月29日		△	実際のケースに基づき、今後指導予定。
	入金確認（経緯書）	T主任	5月19日			△	経緯書をまだ書いたことがない（ケースが発生していない）
同行指導		I課長代理	7月14日	7月21日			
		T主任	5月26日	5月27日	6月3日		
		S主任	5月18日	5月25日	6月1日		
		N主任	5月13日				

このファミリー制度は、思わぬ副次効果を生み出しました。というのも、先輩社員たちは全員が役割を与えられていますから、新入社員は先輩社員全員に教えを乞わなければいけません。そのため、**ファミリー制度を通じて、チームのコミュニケーションが一気に活性化したのです。**

また、すべての育成項目に期日を設けていますので、先輩社員は定められた期日までに新入社員の理解度を「〇」に変えなくてはいけません。新入社員が1回で理解できなければ2回、3回と時間を取る必要があります。まさに〝寄ってたかって育てる〟状態が生まれたのです。

さらには、**先輩社員がレベルアップする、という効果をも生み出しました。**人は、自分が頭で理解したことを他人に教えることで、頭の中が整理でき、より理解が深まると言われていますが、ファミリー制度ではまさにこれが体現されました。というのも、先輩社員は、知識ゼロの新入社員でも理解できるように伝える必要があるため、自分の目線を新入社員の目線まで下げなければなりません。また、新入社員に格好いいところを見せたいので準備も入念に行います。このプロセスが先輩社員のレベルアップをもたらしました。社員同士の理解が深まったことも大きかったです。Z世代の新入社員と、ミレニアル世代・団塊ジュニア世代の先輩社員では、育った時代が異なるため、どうしても考え方などにギャップがありますが、ファミリー制度を通してそのギャップに対する相互理解が進んだのです。

マネジャーである私の仕事は、遅れている項目のチェックと、きちんとコミュニケーションがとれているかの確認だけなので、かなりの時間的余裕が生まれました。私は浮いた時間で、社会人としての心構えや、チームのミッション、将来の夢などについて、マネジャーとして部下と話し合う時間を持てるようになりました。「ファミリー制度」はまさに一石二鳥ならぬ、一石三鳥、四鳥の効果をもたらすものでした。

第 2 章

部下との
コミュニケーション技術は
1on1ミーティングで
磨かれる

「部下より優秀でなくてはいけない」という思い込みを捨てる

「ナメられてはいけない」という思い込みが、失敗を招く

私がマネジャーになったのは42歳の時でした。名古屋での8年の勤務を終え、マネジャーとして札幌に着任しました。名古屋勤務の最終日のことはよく覚えています。チームのメンバー全員が、中部国際空港まで見送りに来てくれ、空港のラウンジでは、ビール片手にメンバーが私の門出を盛大に祝ってくれました。私は心地良い余韻に浸りながらゲートを出て飛行機に乗り込みました。ところが、飛行機が出発し、離陸してタイヤが地面から離れた瞬間、マネジャーとして一人新任地に向かう不安が一気に押し寄せてきました。「プレーヤー時代は終わった。明日から俺はマネジャーなんだ。生まれ変わるんだ！」と強く思ったことを、今でもはっきりと覚えています。ところが、この思い込みが大きな間違いでした。

札幌で出会ったメンバーは、私にとっては初めての「部下」です。次はどんなマネジャーが来たのか、部下たちも様子を窺っていました。当然のことながら、部下たちは、プレーヤー時代の私を知りません。部下たちにとって私はマネジャー以外の何者でもなく、昨日までは彼らと同じプレーヤーであったことなど想像もできません。「俺は彼らのマネジャーだ。絶対にナメられてはいけない」という思い込みとともに、言動もだんだんと横柄なものになっていきました。

しかし、マネジャーという肩書がついただけで、いきなり中身もマネジャーに変わるはずがありません。地に足がついていないと言いますか、完全に自分を見失った状態でした。マネジャーとしてのプライドが邪魔をし、部下たちの意見に素直に耳を傾けることもできなくなっていました。そんな私に部下たちがついてくるわけもなく、部下たちとぶつかることも増えていきました。

「このままではマズい！」。着任して1年が経ち、チームがうまく回っていないことを肌で感じ始めた私は、少しずつ部下に寄り添うスタンスに変え、部下とのコミュニケーションのとり方も変えていきました。やがて、チームの雰囲気は和らいでいき、成績も次第に上向いてきました。しかし、私がそのチームのマネジャーとして3年目を迎えることはありませんでした。2年目が終わる頃には、規模が半分以下の部署へ異動を命じられたのです。私にとっては、あまりにもほろ苦いマネジャーデビューとなりました。

「マネジャーは部下より優秀でなくてはいけない」。私にはそんな固定観念が心の中にあったのだと思います。確かに、現在マネジャーをやっている人の多くは、プレーヤー時代の優秀な成績を会社に認められたからこそ、マネジャーになれたのだと思います。しかし、マネジャーとプレーヤーでは、求められる役割が全く違うのです。プレーヤーは自ら動き、個人として結果を出す。マネジャーは部下に動いてもらい、チームとして結果を出す。マネジャーはプレーヤーの延長ではないのです。当たり前のことなのですが、私はそのことに気付くまでに、かなり時間がかかりました。

大切なのは、部下を知ること

部下に動いてもらうためには、まず部下のことをよく知る必要があります。大勢の部下たちは、マネジャーの一挙手一投足《いっきょしゅいっとうそく》をよく見ています。しかしマネジャーは一人です。多勢に無勢です。だから、マネジャーが部下のことを知るためには、部下の何倍もの努力が必要なのです。新米マネジャーの私には、「部下より優秀でなくては」との強い思い込みから、部下のことを知ろうとする努力が全く足りていませんでした。

人は自分に教えようとする人より、自分に教わろうとする人を好む、と言われます。「マネジャーとして部下に教えよう、部下を育てよう」と考えるのはやめて、**「部下のことをよく知ろう」というスタンスで、1on1ミーティングに臨んで欲しいと思います。**

「普通は自分から言ってくるだろう」、その「普通」はマネジャーの基準です

部下が「普通」に報告できないのは、マネジャーがきちんと育成できていないから

部下A

「マネジャー、そういえば○○商事に納める商品ですが、工場生産が遅れているみたいです。納期が少し遅れるかもしれません」

マネジャー

「なんだって⁉ あの商品は絶対に納期に間に合わせなきゃダメなんだよ！ それいつ分かったんだ？」

部下A

「1週間前です。工場の担当者が別件で話した時にそう言っていました…」

マネジャー

「なぜその時に報告しなかったんだ⁉　生産状況を報告するのは当たり前だろ！」

部下A

「も、申し訳ありません…（そんなこと聞いてないわよ、だったら最初から教えといてよ…）」

マネジャーと部下との間の「報・連・相」トラブルは世の常です。「いちいち言わなくても普通は自分から報告してくるだろう」。そう考えるマネジャーの気持ちはよく分かります。しかし、マネジャーも最初から〝普通〟に「報・連・相」ができていたわけではないはずです。仕事の中で「報・連・相」の重要性を学んできたはずです。部下が（マネジャーの考える）〝普通〟に報告できないのは、マネジャーが部下を育成できていないからだと考えてください。

部下が自分から報告しに来ない理由は「この程度ならいちいち報告しなくてもいいだろう」あるいは「報告してもムダ」だと考えているからだということは、第1章でも書いたとおりです。報告の重要性を部下に教えるのは、マネジャーの重要な仕事のひとつです。

しかし、いくら「報告が重要だ」と部下に説いて回っても、部下はピンときません。部下が持っているその情報が、マネジャーにとってどんな価値を持つのか、部下には分かりません。部下がマネジャーの視点で物事を考えるのは難しいからです。ではどうすれば、報告の重要性を部下に伝えることができるのでしょうか？

マネジャーは、自分の中の「普通」を見直し、報告してくれた部下を労うべき

それは、**部下が報告してきたことを労い、その情報がマネジャーの役に立っていると伝えることです。**特にマイナス情報を報告してきた時のマネジャーの反応は重要です。**マイナス情報を報告したという行為を称えることが大事です。**

部下A

「マネジャー、そういえば○○商事に納める商品ですが、工場生産が遅れているみたいです。納期が少し遅れるかもしれません」

マネジャー

「そうなのか？　あの商品は絶対に納期に間に合わせなきゃダメだか

ら早く分かって良かった！　報告してくれて助かったよ」

部下A  「そんなに大事なお客さまだったんですね？」

マネジャー  **「そうなんだ、○○商事からは絶対に納期に間に合わせて欲しいと言われていたんだ。今から代替案を考えるよ」**

部下A  「1週間前、工場の担当者と別件で話した時にそう言っていたので、その時にマネジャーに報告すべきでした。申し訳ありません」

マネジャー  **「うん、生産状況は分かった時点で逐一報告して欲しいな」**

部下A  「分かりました、これからは気を付けます！」

このように、部下からのマイナス情報を受け止めて労えば、部下には「マイナス情報を報告しても聞いてもらえる」という安心感が生まれます。こうなると、部下からマイナス情報が上がってきやすくなります。部下も、生産が遅れるという情報を1週間前に把握しておきながらマネジャーに報告せず、結果的にマネジャーに迷惑をかけてしまったことを素直に反省できます。それが次の行動に生きてきます。マネジャーにとっては、部下に対していわゆる〝貸しイチ〟ということになります。

もちろん、この対応にはマネジャーの「忍耐力」が求められます。しかし、部下からマイナス情報を受け取ってから当人を叱ったところで、状況は変わりません。それよりも、対策を考えつつ、部下の育成を考える方が得策です。

社会人としての「報・連・相」を最初から身に付けて入社してくる部下は、そう多くはいません。マネジャーが望むことを完璧にできる部下などいないわけで、**マネジャーが望むことを部下がしてくれないのは当たり前と考えた方が、気が楽になります。**いま一度、自分の中の「普通」の基準を見つめ直し、部下が報告しやすい環境づくりを目指してください。

「相談されるのが大好きなマネジャー」を演じる

部下から声をかけられた時、あなたはどんな反応をしていますか？

「マネジャーのみなさん、あなたの席に部下が相談や報告にやってきたら、きちんと向き合って話を聞いていますか？」この質問には「もちろん、しっかり聞いているつもりです」と答える方が多いと思います。

では、こういったシチュエーションではどうでしょう？　あなたは部下Aが持って帰ってきたトラブル案件に頭を抱えています。お客さまは「責任者から詫びの連絡をよこせ！」と怒っています。どうやってお客さまに謝罪したら良いか考えた結果、ようやく考えがまとまり、受話器に手を伸ばしかけた瞬間、「マネジャー、報告したいことがあるんですが、ちょっといいですか？」と部下Bが横から声をかけてきました。

さて、普段のあなたはどんな反応をしていますか？

思わず、しかめっ面で「あ⁉」とうっとうしそうに返事をしていませんか？　そこまでの態度はとらなくても「なに？」と冷たい反応をしていませんか？　あるいは、できるだけ冷静を装いながら「ち、ちょっと待ってくれる？　大事な電話だから終わってからでもいい？」と引きつった笑顔で答えていませんか？

このようなシチュエーションで部下から声をかけられた瞬間、おそらくほとんどのマネジャーは「なんだよ、タイミング悪いなぁ。トラブル対応してるの見りゃ分かるだろ。ちょっとはタイミング見て話しかけてくれよ」といった気持ちになると思います。ようやく腹をくくってトラブル客に電話しようとした瞬間に邪魔されたわけですから、つい冷たいリアクションをしてしまう気持ちはよく分かります。

しかし、ここがマネジャーの〝器〟の見せどころです。私もマネジャーになりたての頃は、さすがに「あ⁉」はなかったですが、自分の仕事を優先させ、部下の相談は後回しにしていました。**あなたが部下だった頃を思い出してみてください。マネジャ**

ーへの報告は面倒くさかったはずです。なぜならマネジャーに報告するための時間を確保する必要がありますし、そもそも報告してもしなくても、自分の仕事の進度は変わりません（と部下は思っています）。報告に来る前に部下は「報告するぞ」と心に決めてあなたのところに来たはずです。ましてや悪い報せとなると、部下にはそれなりの勇気と覚悟が必要です。それを冷たい反応で返された部下はどう感じるでしょうか？「なんだよ、わざわざ時間取って報告に来たのに。次からこの程度の報告ならしなくてもいいか」と思われても仕方がありません。

　これは非常に危険なサインです。大事な情報が、あなたのもとに上がってこなくなります。部下にとっては大したことない情報でも、マネジャーのあなたが聞いたら大事な情報かもしれません。このように、マネジャーのちょっとした冷たいリアクションが、チーム内の風通しを悪くしてしまうのです。だから、マネジャーは、日頃から部下に嫌な表情を見せないように気を付けなければなりません。しかし、何があっても嫌な表情を見せず、常に笑顔で対応するというのは容易なことではありません。

「相談されるのが大好き」ということを、しぐさで伝える

私が気を付けていることは3つです。パソコンのキーボードをたたくのをすぐに止

1	パソコンのキーボードをたたくのを、すぐに止めるようにする
2	「おう、どうした？」「いいよ」などと、声をかけるようにする
3	できるだけ部下の方に身体を向けて、話を聞くようにする

めること。「おう、どうした？」「いいよ」などの声をかけること。できるだけ部下の方に身体を向けて話を聞くこと、です。

パソコンのキーボードをたたいている時は、たとえ漢字変換の途中でも手を止めるくらいの意識をもっていてください。部下はそんなあなたの姿勢に必ず気付きます。このようにして**「相談されるのが大好きなマネジャー」を演じ、部下の心理的抵抗感をできるだけ減らしてください。**「うちのマネジャー、相談に行くといつも嬉しそうなんだよね」と部下に思わせたら勝ちです。ちょっとした心掛けで、組織の風通しはよくなり、あなたのもとに大事な情報が素早く集まるようになります。

職場に必要なのは「デキるマネジャー」より「機嫌の良いマネジャー」

部下は「機嫌の悪いマネジャー」には話しかけたくない

みなさんがマネジャーになる前を思い出してみてください。今まで何人ものマネジャーを見てきたと思いますが、中には話しかけづらいマネジャーもいたのではないでしょうか。いつも難しい顔をして、パソコンの画面とにらめっこしているマネジャー。タイミングを見計らって話しかけても、しかめっ面で注意ばかりしてくるマネジャー。マネジャーがこんなタイプだと、部下はなかなか話しかけられません。「今日は機嫌が悪そうだから、報告は明日にしとこう」「この程度ならわざわざ報告しなくてもいいか」といった気持ちになった経験が、みなさんにもあるのではないでしょうか。

このように、マネジャーの機嫌が悪いと、部下からマネジャーへの報告は減り、チーム内での情報共有のスピードは格段に落ちてしまいます。マネジャーに情報が集まらないチームは脆弱です。部下にとっては大したことないと思える情報でも、マネジ

コツ		実践例
①	メールを送ってきた部下に、声でリアクション	（メールを見て）「順調だな、いいね！」
②	フロアを歩きながら、書類に目をやって声かけ	（見積書を見て）「お、見積もり作ってんのか！」
③	ムダ話（ライフイベントの話題に触れる）	「そういえば、こないだの家族旅行、どうだった？」
④	朝の挨拶の後にプラス一言	「おはよう」＋「今日は早いな」
⑤	ちょっとした「ありがとう」の声かけ	（検印を頼まれたら）「お、ありがとう」

ャーが聞けば、ピンチやチャンスになり得る情報はたくさんあるからです。**そのため、部下がいつでも相談に来れるような環境をつくっておく必要があります。**

日々のちょっとした工夫で、部下が話しかけやすいマネジャーになれる

もともとマネジャーは怖い存在だと思われがちです。マネジャー本人は普通の顔をしているつもりでも、（無表情なだけで）部下は「機嫌が悪いのではないか」「なんだか忙しそうだな」「ちょっと今は話しかけづらいな」と思いがちです。部下がそう感じた瞬間に、部下からマネジャーへの報告は一気に減ってしまいます。**そのため、「マネジャーはいつ**

も機嫌が良い」と部下から思ってもらえるよう、努力する必要があります。しかし、マネジャーも人の子です。機嫌が悪い日もあるでしょう。ここでは、私が普段意識している「機嫌が良いと部下に思わせるコツ」をいくつか紹介したいと思います。

簡単にできるのは「メールへの反応の仕方」を変えることです。マネジャーには、部下とは比較にならない程多くのメールが送られてきます。ですので、部下からの連絡や報告のメールは、ついつい読み流したり、「了解」とだけ返信することも多いと思いますが、このような対応の仕方を改めて「声」で反応することを意識してみてください。

メールを送ってきた部下がフロアにいたら、「先方のアポイント取れたんだな、お疲れさん」「今月の進捗も順調だな、いいね」など、ちょっとしたリアクションをするのです。たったそれだけの工夫で、「今日のマネジャーは機嫌良さそうだな」「今日は時間に余裕ありそうだな」と部下に感じさせることができます。すると、部下から「そうなんです、ちなみに…」といった反応が返ってくるようになります。この「ちなみに」の中に、意外と重要な情報が紛れています。部下が「わざわざ報告しなくてもいいだろう」と勝手に判断していた、メールでのコミュニケーションだけでは引き出せなかった情報です。

フロアを歩きながら、部下の机の上の書類に目をやって「お、見積もり作ってんのか」などと声をかけることもあります。「今日は部下の書類に目をやる余裕があるよ」という周りのメンバーへのメッセージになります。

お子さんの卒業式や運動会、家族旅行といったライフイベントの話題に触れることも効果があります。私はパート社員とそういった〝ムダ話〟をよくすることがあります。他愛のない話をすることで、チーム内の緊張感がほぐれるからです。私とパート社員とのムダ話が終わった後で、他の部下から「今ちょっといいですか?」と話しかけられることもよくあります。マネジャーが率先してムダ話をすることで、チーム内でのコミュニケーションが活発になるので、是非やってみてください。

朝の挨拶にも工夫できることがあります。**「おはよう、今日は早いな」「今日寒かっただろ」など、挨拶の後に一言付け加えるのです。**たったそれだけで「今日の私は機嫌が良いぞ」というメッセージになるからです。特に、月曜日の朝は部下も緊張して出社してきますので、私は仕事の話題を避け、土日のニュースなどの話題を自分から振るように心掛けています。

ちょっとした「ありがとう」の声かけもすごく大切です。「マネジャー、検印お願いします」「お、ありがとう」といった具合です。別にマネジャーにとってはありがたくはないのですが、検印の書類を作成するのに、部下は一定の時間をかけたはずです。普段から「ありがとう」と言うクセをつけておけば、そういった些細な部下の仕事にも感謝の意を伝えることができます。

みなさんも是非、部下全員に毎日話しかけるよう意識してみてください。意識して繰り返していれば、自然にできるようになっていきます。自然に声かけができるようになると、マネジャーと部下のコミュニケーションが活性化し、重要な情報がマネジャーに集まる〝強いチーム〟へと変わっていきます。

部下とのコミュニケーションは「長さより回数」が大事

目指すべきは、毎日声をかけてくれる話の短いマネジャー

「毎日3分間」だけ会話するマネジャーと、「毎週1時間」の会話をするマネジャーなら、あなたはどちらに好感を抱きますか？　おそらく前者の「毎日3分間」だけ会話するマネジャーを選ぶ人が多いのではないでしょうか。たまにエレベーターで会うだけ、でも会うと必ず声をかけてくれる人に対して、好感を抱いた経験があると思います。何度も接するうちに好きになっていく心理的現象のことを「ザイアンス効果」、または「単純接触効果」と呼びますが、これはマネジャーと部下のコミュニケーションにも当てはまります。

みなさんは「マネジャーは話が長いからなぁ」と部下から思われていないでしょうか。私も意識して話は短くしているつもりですが、つい長く話してしまった時はよく反省しています。

マネジャーとして部下に伝えたいことが山ほどあるのは分かります。しかし、マネジャーの話が長いというだけで、チームが悪循環に陥るおそれがあります。というのも、マネジャーの話が長いと、部下は「マネジャーと話す時は時間を取られるから、声をかける前に一定の時間を確保する必要がある」と考えるようになるからです。部下も自分の仕事を抱えて忙しい中、マネジャーに報告に来ます。時間を確保しなければならないと考えると、「今日は忙しいから明日でいいか」という感情が働き、マネジャーへの報告が遅くなってしまいます。そして、部下の報告が遅いと、マネジャー側も「なんでもっと早く報告しないんだ」と思うようになり、マネジャーと部下の関係性が悪化していきます。結果として、チームの風通しは悪くなります。

話を聞く部下の集中力の面からも問題があります。話の長いマネジャーに話しかけられた部下には、「つかまった」という意識が働きます。こうなると、部下は「集中してマネジャーの話を聞こう」とはなかなか思えません。部下に伝えようとマネジャーが一生懸命話しても、部下の頭にはなかなか入らないのです。「マネジャーの話は長くても3分で終わる」との意識が部下にあれば、マネジャーが「今ちょっといい？」

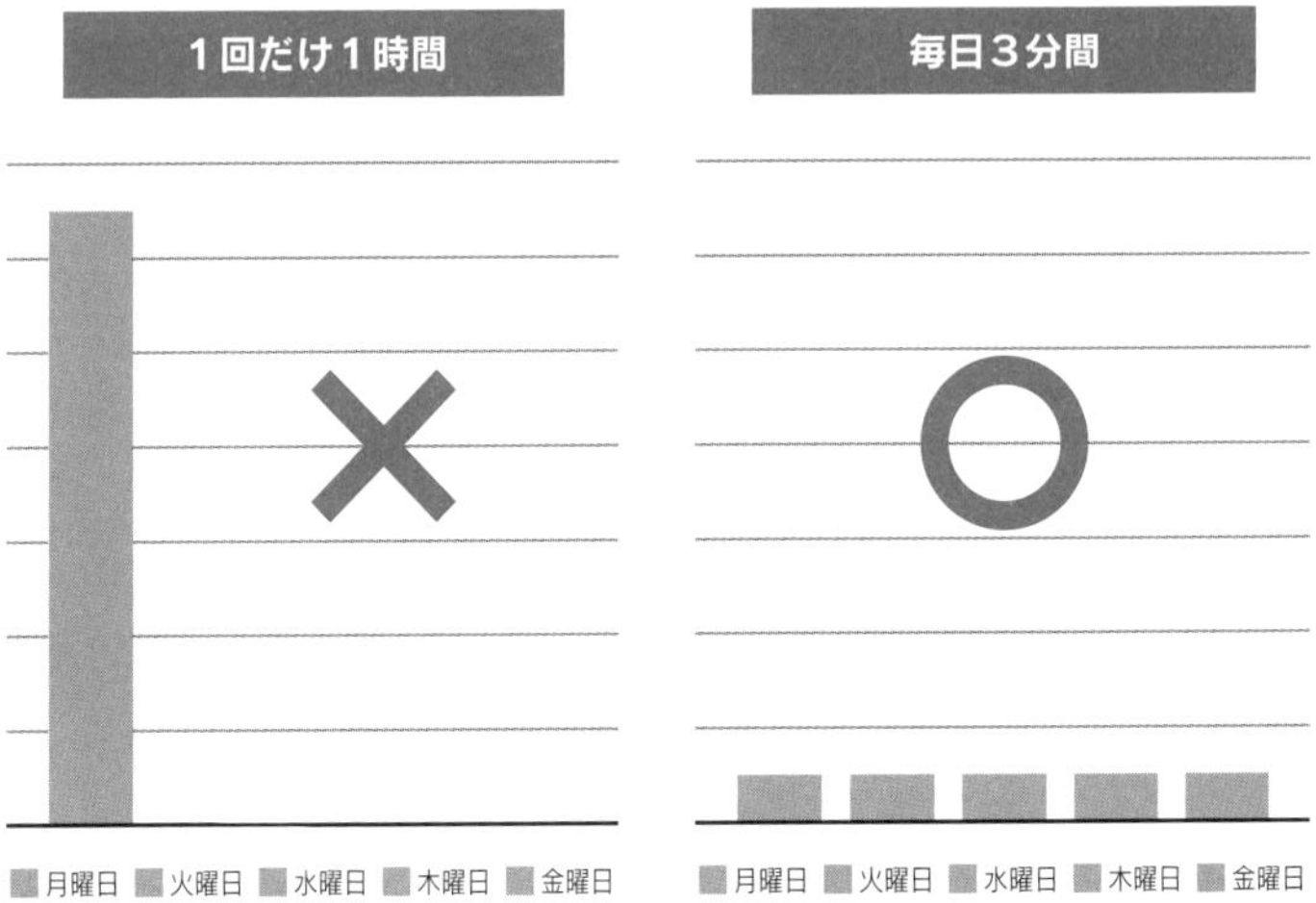

と声をかけても「いいですよ」となりますが、「10分は取られるな」という意識があると、「すみません、今はちょっと…」となってしまい、コミュニケーションをとる機会も減ってしまいます。

部下によってコミュニケーションにバラつきが出るという問題も生じます。営業のチームであれば、一人の部下と長く話している間に他の部下が外出してしまうと、対話の機会も減ってしまいます。すべての部下と均等に対話することは困難ですが、１ｏｎ１ミーティングを定例化することで、部下によるコミュニケーションの偏りは、一定程度解消することができます。

部下に伝えたいことがある時は、端的に、何度も話す

有名な「エビングハウスの忘却曲線」によると、人の記憶は20分後には42％が脳から消え、1日後には74％忘れてしまう、と言われています。マネジャーは、一度伝えれば部下は理解してくれると思いがちですが、そんなに甘くはありません。みなさんも「何度同じことを言わせるんだ！」と言いたくなることがよくあると思いますが、それは当たり前の話なのです。

「自分が部下に伝えたいことは、1回の対話で3分の1しか伝わらない」と私はいつも自分に言い聞かせています。だからみなさんも、3回同じことを繰り返して言えば、自分の伝えたいことはだいたい部下の頭に入っていく、と考えてください。そうすれば「何度同じことを言わせるんだ」という苛立ちも、少しは収まるのではないでしょうか。

「人が集中して話を聞けるのはせいぜい1分程度」とも言われます。人の話を聞いている途中で、気が付いたら他のことを考えていた、という経験は誰にでもあるのではないでしょうか。だからマネジャーは、部下の集中力が保たれている間に伝える、

できれば1分以内に伝えるという意識を持つようにしましょう。1分を意識すれば、長くても3分以内に収まるようになります。３つ４つ伝えたいことがあったとしても、一度に伝えることはせず〝ブツ切り〟にしてください。そうすれば、コミュニケーションをとる回数も自ずと増えます。「長さ」ではなく「回数」を重視したコミュニケーションを、是非意識していただきたいと思います。

飲み会は「部下の労いの場」と心得る、あなたの武勇伝で酒はまずくなる

「飲みニケーション」はもう古い?

新型コロナウイルスの感染拡大により、「飲みニケーション」という言葉が使われる機会も随分と減ってきました。ここ数年の間に入社してきた新入社員たちは、コロナ禍の中で成人を迎えた人たちなので、そもそも「リアル飲み会」の経験自体が少ない世代でもあります。

「目上の人にビールを注ぐ時はラベルが上」とか、「お開きの時は何本締めがどうのこうの」とか、昔よく言われた、いわゆる〝体育会系飲み会ルール〟などは、個人的にはどうでもいいと思っています。しかし私は、「飲みニケーション」自体は極めて有意義な部下育成の場だと考えています。参加者の年齢や好みを考えたお店の選び方、メンバーの席の配置、目上の人にどのタイミングで挨拶してもらうかなど、飲み会を

通じて若い人たちが学べることは、たくさんあります。

飲み会では、武勇伝にご用心――部下は、あなたの昔話には興味ありません

一方で、先輩社員の方は、飲み会で気を付けなければならないことがあります。それは、後輩社員に対する〝武勇伝〟です。特にマネジャーは要注意です。マネジャーは、武勇伝を語ることで、無意識に自分の〝威厳〟を保とうとしがちですが、マネジャーの武勇伝は、若手部下にとってはかなり昔のエピソードです。マネジャーにしてみれば、昨日のことのように鮮やかに脳裏によみがえってくるエピソードも、部下たちは当然知る由《よし》もありません。「へえ〜、そうなんだ」と思って聞いてくれるならまだしも、「時代が違うよ」「知らんし…」と思いながら、あなたの話を聞いている部下もいるはずです。

そういう私にも、飲み会で武勇伝を語る悪いクセがありました。ただ単に私に気を遣って話を聞いてくれる健気な部下の姿に、私は「部下が興味を持って聞いてくれている」、と勘違いしていました。そのことにはっきりと気が付いたのは、ある時の私の上司との飲み会でした。ひたすら自分の武勇伝を勇ましく語る上司の姿に、私は強

烈な眠気と闘いながら、「これはキツイな…」と思い、自分の部下に対する飲み会での接し方を猛省しました。

確かに、自分が経験した出来事から学んだことを、次の世代に伝えていくことは大切なことです。しかし、**マネジャーは自分の体験をそのまま語るのではなく、その中にある普遍的なエッセンスを抜き出し、できるだけ今の時代に適用できるよう、アレンジして伝えなければいけません。**それも、飲み会の席ではなく、日常の部下育成の場面で伝えていくべきです。

飲み会の席ではアルコールも入っています。気持ちも大きくなり、価値あるエピソードも、ただの自慢話になりがちです。せっかくの美味しいお酒も、マネジャーの自慢話で〝まずい酒〟に変わってしまいます。**マネジャーは「部下から聞かせて欲しいと言われない限り、昔話は絶対にしない！」くらいの心構えでちょうどいいのです。**おそらく、部下からそう言われることは、まずありませんが…。

「飲み会は残業代が出ますか？」と新入社員から聞かれた、というエピソードがあるくらいですから、若い人たちは「仕事終わりの飲み会はつまらない」と考えているのかもしれません。「今どきの若者は…」と嘆く前に、先輩社員も飲み会での自分たちの接し方を見直すべきです。

マネジャーのみなさんは、部下との飲み会は「労いの場」と考えてください。飲み会の場でも、部下の話に耳を傾けながら、普段では見られない部下の一面に目を向ける姿勢を示せば、あなたと部下の関係はより一層良くなっていくはずです。

部下マインド編

「正論」では動かず「感情」で動くもの

正しいことを言っていたとしても、「上から目線で一方的に話す上司」は尊敬されない

「仕事の上で尊敬・信頼のできる上司や先輩がいる」と回答したのは、全体の12％程度（「働きやすい・働きがいのある職場づくりに関する調査 報告書」〈厚生労働省〉参照）。

この結果を見てみなさんはどう感じるでしょうか。これは厚生労働省が民間企業を対象に実施した調査結果です。部下から尊敬されるレベルまでいかなくても、せめて信頼くらいは得たいところです。では、どうしてこれほどまでに部下から尊敬・信頼される上司が少ないのでしょうか。

　１９９０年代のバブル崩壊に伴う企業業績の悪化とともに導入された「成果主義」や「能力主義」に始まり、近年では「デジタル化」の波が押し寄せ、「ジョブ型」といった新しい雇用の形も社会に広まりつつあります。しかし、**企業を成り立たせるものは、結局は「人」です。**昨今は、部下の業績や生産性、タスク管理の側面ばかりが重視され、部下の感情や思い、ストレスといった「感情マネジメント」の側面が軽視されがちと言えます。というよりむしろ、もともと難しい職場における感情マネジメントが、多様性やデジタル化も相まって、近年は難易度がますます高まっている、とも言えるでしょう。こういった状況が、前述の厚生労働省の調査データに現れていると考えられます。

　人はなかなか「正論」では動かないものです。「目標までまだ到達していませんね。残り日数は○日です。どうしますか？」、とマネジャーから言われるのと、「君も頑張ってるもんなぁ。目標達成は厳しくても、できるところまで何とか助けてくれないかなぁ」と言われるのではどうでしょうか。前者は、感情を挟まずに事実を伝えているだけで、何も間違ったことは言っていません。まさに「正論」です。しかし、部下も、自分の置かれた立場・状況は言われなくても分かっています。それに対して後者は、「頑張っている」と認めた上で、「助けてくれないかなぁ」と部下を頼っています。みなさんならどちらの方が、マネジャーのために頑張ろうと思うでしょうか。

「正論」とは、誰が聞いても正しい、いわゆる〝ぐうの音もでない〟ものです。これは、ともすれば、人の気持ちへの配慮が欠けたものになりがちです。正論で部下が動くのであれば、マネジャーは部下の管理だけしていれば良いことになります。部下がマネジャーに求めているのは、理屈を教えてもらうことではありません。部下は共感を求めているのです。マネジャーが正論を振りかざしても、部下との間に信頼関係は生まれません。**部下に共感し、部下の自尊心を満たすことで、部下との間に信頼関係が生まれるのです。**つまり部下も「感情で動く生き物」であるということを、マネジャーは忘れてはいけません。

完璧じゃなくても「部下の話を真剣に聴き、気持ちを汲むことができる上司」は信頼される

みなさんが過去に見てきた上司を思い浮かべてみてください。これまでの会社員人

生で、自分のことを本気で理解しようとしてくれたり、自分の立場になって真剣に話を聴いてくれた上司がどれだけいたでしょうか。それほど多くはいなかったはずです。**人間関係において「相手の気持ちを知る」ことより重要なことなどありません。**みなさんの気持ちを理解し、真剣に話を聞いてくれた数少ない上司から頼られた時には、「この人のためならば一肌脱いでやろう」「この上司には必ず出世してもらいたい」と思って力を発揮したのではないでしょうか。

今の時代、マネジャーに必要とされているのは、ＩＱ（知能指数）ではなく、ＥＱ（心の知能指数）であると言われています。また、人は自分に教えようとする人より、自分に教わろうとする人を好むとも言われます。これはマネジャーと部下の人間関係にもそのまま当てはまります。

マネジャーが思っている以上に、部下はマネジャーの言葉に一《いっ》喜《き》一憂《いちゆう》しており、時には深く傷つくこともあります。正論を振りかざして部下を説得し、動かそうとしても部下はついてきません。むしろ、**部下の話に熱心に耳を傾け、部下を頼れば頼るほど、マネジャーは部下から信頼されます。**マネジャーと部下の間に信頼関係が築かれている職場では、人間関係が嫌になって転職したいと言い出す人は現れません。みなさんも是非、部下の感情を大切にできるマネジャーを目指して欲しいと思います。

部下のマネジャーに対する評価基準は「好きか嫌いか」

「理想の上司」とは——優秀な人ではなく、好かれる人

明治安田生命が毎年実施している「理想の上司」アンケート調査は、読者のみなさんもよくご存じだと思います。２０２３年春の新入社員を対象に実施した、「理想の上司」ランキングの男性1位は、バラエティ番組などで司会を務める「内村光良」さん。女性の1位は人気アナウンサーの「水卜麻美」さんでした。お二人はなんと7年連続1位とのこと。他には「櫻井翔」さん、「ムロツヨシ」さん、「小池栄子」さんなどが、毎年上位にランクインしています。

「理想の上司」と聞くと、「仕事ができる」「判断が速い」「適正な評価をしてくれる」などが思い浮かぶ方もいるかもしれませんが、ランキングでは「親しみやすい」「優しい」といったイメージが共感を集めているようです。

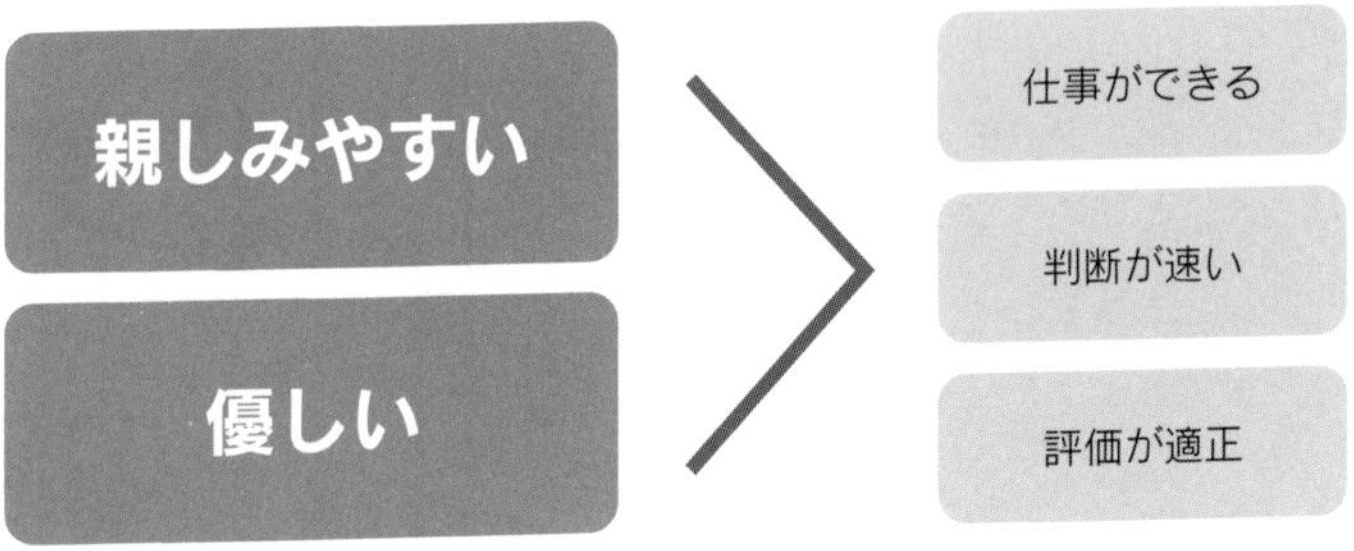

部下のマネジャーに対する評価基準を、一言で表現するとすれば、「好きか嫌いか」です。人気ランキングの顔ぶれに共通するのも、「好感度が高い」という点です。先にも述べたとおり、人間は「正論」ではなく「感情」で判断する生き物です。だから、マネジャーも、好感度が低いと、部下からの支持を得ることはできません。誰からも「好き」と思ってもらえる人が、目指すべきマネジャー像なのです。

1on1ミーティングを活用し、好かれる上司になる

ではどうすれば、部下たちはマネジャ

ーに対して「好き」という感情を持ってくれるのでしょうか？　部下に好かれようと機嫌を取っているようであれば、マネジメントなどできませんし、かえって部下たちは不信感を抱くでしょう。一昔前であれば、〝飲みニケーション〟を通じて部下と心を通わせた時代もありましたが、今はプライベートの時間を大切にする風潮があります。そもそも、飲み会はお酒を飲めない部下にとっては、苦痛の時間かもしれません。

人間は、話を聞いてもらった分だけ、その相手に好感を抱くという習性があります。マネジャーが部下の話に耳を傾ければ傾けるほど、部下はマネジャーのことを好きになるのです。**自分のことを知ってくれている、理解してくれている、という感情が、マネジャーに対する好感度を上げてくれます。**

しかし、マネジャー一人に対して、部下は複数。マネジャーが部下のことを知るためには、部下がマネジャーを知る何倍もの努力が必要です。だから、毎月の１ｏｎ１ミーティングが大事なのです。**毎月やると決めておけば、部下全員とのコミュニケーションの時間を確実に確保できます。**毎月の１ｏｎ１ミーティングを繰り返すうちに、必ずマネジャーの好感度は上がり、評価も上がります。

私が、「好き」という感情を大切にしているのは、マネジャーの評価が部下のパフォーマンスに大きく影響するからです。読者のみなさんにも、「この人のためなら一肌脱いでやろう」と思える上司が、過去に1人や2人はいたのではないでしょうか？現代のマネジャーに求められているのは、論理的な正しさではなく、好かれることなのです。

部下から好かれることが大事である理由は、他にもあります。最近の若者は、「好きでなければやらなくても良い」という考え方のもとで育てられています。私の年代ぐらいだと、「学校給食で嫌いなものが出されたとしても、絶対に残してはいけない」という戦前の考えがまだ残っていましたが、今の若者はそのような考えに基づく教育を受けていません。

また、昔と決定的に違うのは、情報量です。スマホで検索すれば、労せずして欲しい情報に簡単にアクセスすることができます。わざわざ嫌いなものに我慢して向き合うより、「自分に合っている好きなもの」を探せば良いわけです。だから、会社を辞める判断も速いのです。

私は新入社員には「3年は辞めるな」と必ず伝えるようにしています。「石の上にも3年」と言われるように、3年は同じ仕事を続けないと、その仕事の意義、楽しさ、価値といったものが、何も見えてこないからです。

1on1ミーティングを通してしっかり部下と向き合い、部下の話にじっくり耳を傾け、「一肌脱いでやろう!」と、部下が奮起してくれるようなマネジャーを是非目指してください。

「今の仕事向いていないんです」と言う部下は、今の仕事が一生続くと思い込んでいる

若者の「仕事に対する考え方」を理解し、それを補ってあげる

読者のみなさんの中にも、年の離れた部下がいるという方は多いと思います。中には、親子ほどの年の差のある社員を部下に持つ方もいるかもしれません。新入社員を部下にもつマネジャーなどがその代表例です。こういった若手部下とのコミュニケーションに悩んでいる方も多いのではないでしょうか。

「今の仕事向いていないんです」。若手社員から打ち明けられる典型的な悩みの一つです。私も今までに何人かの新入社員を育成してきましたが、その過程でこのように言われたことがあります。

最近の若い人たちの中には、「自分に向いている仕事が必ずどこかに存在する」と

思い込んでいる人が結構います。しかし、世の中に仕事の種類は星の数ほどあります。一昔前と比べ、転職のハードルは低くなっていると言われていますが、そうはいっても、人生の中で転職を経験するのは多くても5回程度でしょう。自分に向いている仕事を探して転職を繰り返したとしても、数多《あまた》ある職業の中から、たった数回の転職で自分に向いている仕事を探し当てることは、極めて難しいと思われます。そもそも「自分に向いている仕事」を探す前に、「自分」のことを本当に理解している若者がどれだけいるでしょうか。

マネジャーのみなさんには、お客さまや社会に貢献してきた実体験がありますが、若い人たちは実体験が圧倒的に足りていません。実体験を積み重ねながら、仕事の意義を発見していく、つまり**「今やっている仕事を自分に向いているものに変えていく」という考え方を教えてあげることが大事です。**

新入社員に伝えるべき3つのこと

私は、自分のチームに配属されてくる新入社員には、最初に必ず3つのことを伝えるようにしています。一つ目は「学生と社会人の違い」です。「学生と社会人の違いって何ですか？」と聞くと、ほとんどの新入社員は「責任の重さの違いです」と答えます。「じゃ、その責任って何ですか？」と聞くと、だいたいが答えに困ります。

学生と社会人の違いは「お金を払うか、お金を儲けるかの違い」です。学校に授業料を払って学ぶのと、知見・能力を生かし、その対価として賃金を獲得するのでは、立場が真逆と言えます。つまりは〝お客さん〟と〝プロフェッショナル〟の違いなのです。社会人は誰しも自分が従事している仕事のプロフェッショナルであり、そうでなくてはなりません。当然、責任も重くなります。

二つ目が「入社後のギャップを受け入れること」です。どの企業も、少しでも優秀な学生を獲得しようと必死です。会社案内のパンフレットには、綺麗な本社オフィスや、生き生きと働く社員の姿の紹介など、会社の魅力があふれています。リクルーター制度を採用している会社では、優秀な社員をリクルーターに選び、学生に自社の魅力を直接伝えたりしています。内定をもらった学生は、当然良いイメージを膨らませて入社してきます。

ところが、入社した途端、就職活動で得た情報と現実とのギャップに直面します。勤務地や配属部署、仕事の内容は、普通は自分で選べません。入社前と働き始めてからでは、多かれ少なかれ、必ずギャップが生じます。ちなみに私の会社の本社ビルは、最上階から皇居が見える千代田区の一等地にあるのですが、私が最初に配属された地方支社の目の前には、田んぼが広がっていました。

三つ目は「3年は辞めるな」ということです。無論、精神を病んでまで続けることはありませんが、そうでなければ、少なくとも3年は続けないと、その仕事の「本質」が見えてこないからです。もちろん、3年経ったら辞めていいわけではないことも付け加えています。

「今の仕事が一生続くわけではない」ということの意味を、１ｏｎ１で伝えてあげる

「今の仕事向いていないんです」という若手には、「今の仕事が一生続くわけではない」ということを、是非１ｏｎ１ミーティングで伝えてあげてください。**「一生続くわけではない」は、「仕事内容が変わる」という意味と、「自分自身が変わる」という二つの意味を含んでいます。**経験を積んで、自分が成長するとともに、今やっている

仕事の見え方は必ず変わっていきます。

〝人生は自分探しの旅〟とも言います。「自分に向いている仕事探し」ではなく、「仕事を通じた自分探し」という考え方を、是非伝えてあげてください。

連絡手段はメール・SNSがオススメ、電話はストレスであることを知っておく

「連絡は電話で」という時代は終わりつつある

私が今の会社に入社した１９９５年当時は、まだ携帯電話も完全には普及していませんでした。お客さまとの連絡手段は、会社に備え付けてある固定電話がほとんどでした。総務省調査による携帯電話世帯普及率によると、１９９５年当時の携帯電話普及率はまだ10・６％しかありませんでした。それが２００３年には94・４％まで上昇し、わずか8年で携帯電話がビジネスパーソンの仕事ツールとして完全に定着しました。どこにいても連絡が取れるという利便性と相まって、相手と電話で話す機会が飛躍的に増えました。

２０１０年頃にはスマートフォン（スマホ）が登場し、２０２２年現在において、スマホは91・９％まで普及が進んでいます。スマホの普及に合わせ、メインとなる連

絡手段は電話から、メール・LINE・X（旧Twitter）・InstagramなどのＳＮＳに一気に移っていきました。今やスマホは「携帯できる電話機」ではなく、「通話もできる携帯情報端末」との認識の方が強いでしょう。事実、２０１８年におけるスマホによる国内通話利用回数は、２０００年当時と比べると、約54％とほぼ半分にまで減少しています。言われてみれば、スマホで通話する機会は、かなり減った気がします。

私も先日、家でくつろぎながらスマホでYouTubeを見ていた時、知人から電話がかかってきました。「LINEしてくれればいいのに、何か急用かな？」と思って電話に出たことがあります。思えば、電話をかけるという行為は、相手の置かれた状況を一切考慮しない、一方的なコミュニケーション手段とも言えます。昭和育ちの私ですら、電話の着信音に少し抵抗を感じるくらいですので、最近の若い世代の人達はなおさらでしょう。

２０２３年入社の新入社員は、スマホが発売された当時、中学生でした。スマホとともに成長した世代であり、家庭用の固定電話を知らないという人もいます。２０２０年の総務省調査結果では、固定電話を設置していない家庭は3割で、20代に限れば9割以上の世帯が固定電話を設置していません。ともすれば、いきなり家の中に鳴り響く固定電話が怖い、と感じる人がいても不思議ではありません。

主なコミュニケーション手段が電話であった昭和世代と、連絡手段の主役がメールやＳＮＳに移った今の若い世代とでは、育った時代が全く違うのです。**「若い世代には電話をストレスと感じる人が多い」ということを、マネジャー世代は覚えておいた方が良いでしょう。**どうしても直接伝えなければならない用件以外は、できるだけメールで済ませるといった配慮が必要です。

メール・SNS利用の注意点

社内だけでなく、社外のお客さまとのやりとりでも、メールやＳＮＳを使う機会が多いと思います。スマホに慣れている若い世代は、メールのやりとりにも慣れているのかと思いきや、実はそうではありません。彼らはＳＮＳなどで、「短い文章のやりとりに慣れているため、論理的な文章を書いたり、相手が理解しやすい文章を書くということに慣れていません。マネジャーとのメールのやりとりで、文章に違和感を感じたら、スルーせずにその都度、根気よく指導することが大切です。イラっとする文章や、何が言いたいのか要点が分かりにくい文章は要注意です。社内ならまだしも、お客さまとのメールのやりとりではトラブルに発展しかねません。大事な取引先とのメールのやりとりは、必ずマネジャーにも写しを入れさせるなど、工夫してください。

若い世代の彼らが、論理的な文章を書くことに慣れていないのにはもう一つ理由があります。それは、日頃から絵文字やスタンプを多用しているからです。私もシチュエーションに応じて、いろいろなスタンプを使うことがありますし、文章で書くよりよっぽど便利だなと思うことがよくあります。キャラクターが手を合わせて謝っているスタンプなどは私も多用しています。私も以前、急にお客さまとの夜の会食が入った時などは、夕飯を作って待ってくれている妻に、スタンプを使って謝罪のLINEをすることがたまにありましたが、スタンプなしで謝罪文を打つとなると、結構な精神的プレッシャーになります。

学生時代からスマホを与えられ、絵文字やスタンプに慣れた若い世代の人達は、言い回しなど、細かいところまで配慮が必要なビジネスメールのような文章を書くのが、苦手な傾向にあります。もちろん、ビジネスメールではスタンプや絵文字は使えません。若手社員がお客さまに送信しているメールを見て、マズいと感じたら、いきなり「こんな文章じゃダメだろ」といって注意するのではなく、「こういうふうに書かないとお客さまには伝わりにくいよ」とか、「このメールを読んだらお客さまはこう感じるかもしれないよ」といったように、かみ砕いた指導をしてあげてください。

「マネジャーの話は聞きたがらないもの」と心得る、1分で伝える技術を磨く

「要点をまとめる意識」をもてば、短い時間でより多くのことを伝えられる

自分の上司の話を10分間集中力を保って聞くことをイメージしてみてください。かなり難しいと感じるのではないでしょうか？　みなさんの部下も同じです。10分間、上司の話を集中して聞くということは、簡単なことではないのです。

自分が興味のある話であれば、1時間でも2時間でも集中して聞くことができるでしょう。しかし、残念ながら部下にとってマネジャーの話は基本的に「興味のない話」です。とはいえ、部下にとって興味がない話でも、マネジャーが伝えなければならないことはたくさんあります。そのため、部下が集中して聞けるよう、短い時間で要点を伝えるスキルがマネジャーには求められます。

私は、チームの会議で発言する時は、できるだけ話を1分以内に収めるよう意識し

ていました。話しているうちに1分を超える時もありましたが、それでも1分で伝えようとすることで「要点をまとめよう」という意識が働き、その結果、部下に伝わる情報の量と質は増えました。

例えば、いつも10分以上かけて話すような話の長いマネジャーに呼ばれた場合、部下の頭は無意識のうちに〝10分間で聞くモード〟に切り替わります。当然、集中力は10分間に分散されます。

一方、1分で伝える話の短いマネジャーに呼ばれた場合、限られた時間の中で伝達される情報を聞き逃さないよう、部下の頭は無意識のうちに〝1分間で聞くモード〟に切り替わります。結果として、10分かけて一生懸命伝えるマネジャーより、1分で要点をまとめて話すマネジャーの方が、部下にしっかりと情報を伝えられます。「何回同じことを言わせるんだ!?」といつも叫んでいるマネジャーは、自身の伝え方にも原因があるということを認識する必要があります。

「何から話すのか」によって、伝わり方は大きく変わる

部下に情報を伝える際には、伝える順番にも気をつける必要があります。次の対話

は、ボーナスが減額支給されることを、マネジャーが部下に説明するシーンです。

マネジャー

「前年度の当支店の収益環境は非常に厳しかった。新商品の販売不振に加え、販促費も増加し、支店全体が大幅赤字に陥ってしまった。大変残念だが今期の支店メンバーのボーナスは30％削減される。我がチームが引っ張って支店収益を立て直し、来期は満額のボーナスを取り戻そう！」

部下

「30％も削減されるんですか⁉」

支店の収益環境、新商品の販売不振、販促費の増加など、マネジャーは多くの重要な情報を伝えていますが、部下には「ボーナス30％削減」しか頭に残っていません。人間は、自分が聞きたい情報ばかりを集め、それに反する情報は無視する、という傾向があり、これを「確証バイアス」と呼びます。インターネットで、つい自分に都合の良い情報ばかり検索してしまうクセも、確証バイアスの影響です。

部下の立場に立って、話す順番を工夫することが大切です。先に結論を述べ、次にその理由を説明し、最後にまた結論を述べる。結論→理由→結論の順に話せば、部下は迷子にならず、マネジャーの話が頭に残り、納得感も高まります。部下に話を聞いてもらうためにはマネジャーが部下の視点で考え、伝え方を工夫するしかありません。**同じ内容の話でも、伝える順番を工夫するだけで、部下への伝わり方は全く違ってきます。**

マネジャー

「大変残念な知らせだが、今期の支店メンバーのボーナスは30％削減される。理由は支店の大幅赤字だ。新商品の販売不振に加え、販促費が増加した。我がチームが引っ張って支店収益を立て直し、来期は満額のボーナスを取り戻そう！」

部下

「満額支給のためにはどれくらいの支店収益が必要なんでしょうか？」

右の例では、部下にとって最も興味のある「ボーナス30％削減」という情報を先に伝え、それから理由を説明しています。そうすることで、部下は「聞くための心の準備」が整い、ボーナス30％削減という事実を受け入れることができ、最終的に今期の満額支給を目指して前を向くことができました。

　部下はマネジャーの話を「聞く」ことだけに専念しているわけではありません。聞きながら頭の中で「考えて」聞いています。マネジャーの話が長いと、部下は「迷子」になってしまいます。そうならないように**要点を絞り、短い時間でゆっくり伝える訓練を繰り返してください。**そうすれば、あなたの部下に伝えるスキルは確実に向上します。

パート社員が待ち望んでいる言葉、それは「〇〇さんありがとう」

見誤りがちなパート社員の能力を正しく認識する

みなさんのチームにもパート社員がいるなら、是非その方を思い浮かべながらこの項を読んでみてください。パート社員の潜在的ポテンシャルに気付くかもしれません。

私のチームには、パート社員であるＫさんが在籍しているのですが、他の正社員と同じように、Ｋさんとも１ｏｎ１ミーティングをやっています。毎月のＫさんとのミーティングの中で、いくつか見えてきたものがありました。

一つ目は、Ｋさんのポテンシャルの高さです。パート社員は時給制で働いています。都道府県ごとの賃金水準や、業務内容・職種にもよりますが、時給はだいたい１０００円前後といったところでしょう。正社員と比べると、賃金格差は明らかです。これが、賃金の差＝能力の差という、無意識の偏見を引き起こしていることに気が付いたのです。

また、時給制のパート社員は業務範囲も一定の限られたものになりますが、そのことが、限られた業務範囲＝能力が低い、という偏見につながりやすいのです。実際、Ｋさんは、ご主人の転勤に伴い、私のチームにパート社員として入社してきましたが、同業他社で正社員として勤務していた経歴を持っていました。そのため、業務の正確性と速さは、正社員と同等かそれ以上であり、子育て期間のブランクがあることを感じさせないほどでした。私は「Ｋさんのポテンシャルをチームに生かさない手はない」と考え、Ｋさんには高いレベルの業務をどんどん任せるようにしていきました。

パート社員の「正社員に対する遠慮の意識」を拭い去る

二つ目は正社員に対する〝遠慮〟です。Ｋさんに限らず、パート社員は正社員のことを〝社員さん〟と呼びます。この〝さん〟には、単に正社員に対する敬称の意味合いだけでなく、「社員さんの業務範囲には手を出してはいけない」という〝遠慮〟の意味が込められています。

そのことに気付いたのは、ある日のＫさんとの１ｏｎ１ミーティングの時でした。Ｋさんの業務内容について話し合っている時、どう考えてもムダと思われる業務があることに気付きました。Ｋさんは「２年前に社員さんから頼まれて以来、ずっとやっていますが、どのように役立っているのかは知りません」と言います。依頼した社員にその業務について聞くと、社員はＫさんに依頼したことすら忘れており、しかも「なくしても問題ない」と言うのです。

依頼したことを忘れる社員も社員ですが、Ｋさんとしても「社員から頼まれたことは絶対」という固定観念から、業務を見直すという思考が停止していたことに気付いたようでした。私はＫさんに「ムダだと思う業務や、どう役立っているのか分からない業務は、全部私に教えてください」と頼みました。それ以来、Ｋさん周りの業務の効率化が一気に進み、Ｋさんにはより高いレベルの業務を依頼することができるようになったため、チーム全体の力は大きく上がりました。正社員に対する〝遠慮〟の意識を取り去ることで、パート社員のポテンシャルを引き出すことに成功したのです。

パート社員の「エンゲージメント」を高める

三つ目は、パート社員と正社員のモチベーションの違いです。正社員と違い、パート社員は一般的には昇格がありません。扶養の範囲で働いているパート社員の場合は、昇給がモチベーションにつながることもありません。一定の限られたパート業務の中では、自分の努力で大きな成果を出すということも容易ではないでしょう。つまり、昇格、昇給、仕事の成果などとは少し違うところに、パート社員のモチベーションはあるのです。それは「チームに対する貢献」、いわゆる「エンゲージメント」です。

エンゲージメントを高めれば、正社員以上の力を発揮できるポテンシャルを、パート社員は持っています。**そして、そのようなポテンシャルを十分に発揮してもらうためには、マネジャーからパート社員への労いの言葉が欠かせません。つまり「○○さん、ありがとう」の言葉です。**

「パートさん、社員さん」といった遠慮の垣根をチームから取り除き、チームの戦力としてパート社員を頼ってください。そして、マネジャーとしてパート社員に労いの言葉をかけてください。チームが必要とする存在であることを伝えてください。パート社員のエンゲージメントを高めることが、あなたのチームの戦力アップのカギを握っています。

第3章

1on1ミーティングを成功に導くために

1on1の始め方

1on1ミーティングを始めるにあたって

第1章ではマネジャーとしてのマネジメント手法やリーダーシップを、第2章では1on1ミーティングを始めるにあたってのマネジャーとしてのマインドセットについてお伝えしました。いよいよ第3章からは、部下との対話シーンを交えながら、具体的な1on1ミーティングのやり方について説明していきます。

何のために1on1ミーティングを行うのかを、自分の言葉で部下に説明する

1on1ミーティングを始めるための事前準備として、押さえておくべきポイントがいくつかあります。まずは**1on1ミーティングの「目的と意義を言語化しておく」ことです。キーワードは「部下の成長」と「チームの成果」です。**この2つのキーワードを用いてマネジャー自身の言葉で1on1ミーティングを定義し、それをしっか

り部下に伝えておくことが必要です。

マネジャーは１ｏｎ１ミーティングを通して、部下のことをより深く理解しようとする姿勢が大切です。部下は誰でも「将来こうなりたい」「こんな仕事がしてみたい」といった希望を持っています。その一方で、会社への不満や人生の不安を抱えながら生きています。しかし、日頃のマネジャーとの会話では、部下はなかなか腹を割ってホンネを話すことはできません。**１ｏｎ１ミーティングでは、部下との対話を掘り下げ、部下のホンネに迫ります。部下が自分を見つめ直し、自分で答えを見つけるのを手助けし、部下の成長をサポートする。これが１ｏｎ１ミーティングでのマネジャーの役割です。**自分で答えを見つけた部下は、チームに対するエンゲージメントが高まるため、離職する可能性が低下します。つまり、**１ｏｎ１ミーティングを行うことで、部下の不幸な離職を防ぐことができるのです。**のみならず、**１ｏｎ１を通じて部下が成長すれば、それは必ずチームの成果となって現れます。**

スケジュールを組む

次に１ｏｎ１ミーティングの「スケジュール化」です。マネジャーは多忙ですので、空いた時間で１ｏｎ１ミーティングをやろうとすると、後回しになったり、部下によって面談頻度に偏りが生じたりします。実施スケジュールを明確化することで、部下とのコミュニケーションの偏りをなくすことができます。スケジュール化の具体的な方法は後の項で詳しく述べます。

「どこで、何を話すのか」を決める

１ｏｎ１ミーティングでは、対話が他のメンバーに聞こえないよう「場所の選定」も大事です。会社のフロアの片隅や、喫茶店などは好ましくありません。会議室のような、できるだけ周りと遮断された場所を選ぶよう心掛けてください。

１ｏｎ１ミーティングの時間は部下が自由に話していい時間ですが、部下が「何を話せばいいか分からない」といったケースも出てきます。そんな時のためにマネジャーは「テーマ」をいくつか準備しておきます。例えば、最近１週間の部下の仕事上の出来事、部下が抱えている問題点、チームの人間関係、今後のキャリア、伸ばしたいスキル、などです。「最近仕事は楽しい？」と漠然と聞いても構いません。大事なのは、返ってきた部下の反応から、マネジャーがどんどん対話を掘り下げていくことです。その過程で、部下の感情ワードやこだわりといったものが必ず出てきますので、それを見逃さないように気を付けてください。

部下と話す時の注意点①――必ずメモをとるようにする

「部下の話をメモしておく」ことも重要です。 マネジャーは何人もの部下と面談しますので、前回の面談時に話したことを忘れてしまう可能性があります。だから、メモを残しておくのです。ただし、メモをすることに気をとられて対話がおろそかになってしまっては本末転倒です。メモをするのはキーワードだけにとどめるのが良いでしょう。なお、**メモした会話の内容は、次の面談の時に必ず触れてください。** 前回の面談内容をマネジャーが覚えていれば部下も安心するからです。

部下と話す時の注意点②――マネジャーは「話し手」ではなく「聞き手」であると心得る

1on1ミーティングは、部下のための時間になっていることが重要です。マネジャーの情報収集の場であってはいけません。**対話の割合は（部下）7：3（マネジャー）くらいを意識し、部下の話を「傾聴する」姿勢を心掛けてください。**

マネジャーは、1on1ミーティングの場では、いわば「テニスの壁打ちの壁」です。部下が話すことを否定せず受け入れ、そのまま返します。アドバイスも極力控え、部下自身で答えを見つける手助けをする意識を持ってください。

では、1on1ミーティングを導入する上での注意点を交えながら、具体的なやり方について見ていきましょう。

そんな１ｏｎ１ミーティングはすぐにやめた方がいい！

典型的な失敗例❶――対策会議になってしまっている

１ｏｎ１ミーティングが世間に広まり始めてからしばらく経ちました。〝鳴り物入り〟のように突然現れ、やり方もロクに教えられず、いきなり会社の人事部から「やれ」と言われた方も多いのではないでしょうか？　実は私は以前から１ｏｎ１ミーティングを独自にやっていたため、「自分のやり方は間違っていなかったんだ」と思い、むしろ安心した覚えがあります。

しかし、１ｏｎ１ミーティングをずっと継続しているというマネジャーはどのくらいいるでしょうか？　みなさんの中には、１ｏｎ１ミーティングについて何らかの悩みを抱え、本書を手に取ってくださった方も多いと思います。私も１ｏｎ１ミーティングを始めた当初は試行錯誤の繰り返しでした。面談する度に反省していました。ここでは、私の経験をもとに、ついついやってしまいがちな、一見良さそうだが実はうまくいっていない1on1ミーティングの例をご紹介します。

マネジャー「何でも話していいぞ」

部下A「はい、実はお客さまに新商品の提案をなかなか受け入れてもらえず困っています」

マネジャー「それはお客さまのニーズをしっかり把握できていないんじゃないか？」

部下A「ニーズは把握してプレゼン資料に入れたつもりなんですが…」

マネジャー「○○支社は売れ行きが順調だ。取組内容を参考に聞いてみるといい」

部下A「分かりました。ありがとうございました！」

部下Aの悩みをしっかり受け止めて解決策も提示し、うまくいっているように見えます。しかしこれは〝対策会議〟と言った方がいいでしょう。これで新商品がお客さまに採用されたとしても、部下Aの成長はさほど期待できません。

典型的な失敗例②——ただの「御用聞き」になってしまっている

次もよくありがちなケースです。

部下B

「月末は納品が多くて残業が大変なんです。もう少し何とかなりませんか?」

マネジャー

「そうか、では月末に偏らないよう営業に働きかけてみてはどうかな?」

部下B

「前から何度も言っていますが変わりません。マネジャーからも言ってください」

マネジャー  「わ、分かった。では私から今度の営業会議で伝えておくよ」

部下B  「ありがとうございます。よろしくお願いしますね」

一見、部下Bの悩みは解決したかに見えます。しかし、今度の営業会議でマネジャーはどう説明するのでしょうか？　部下Bの申し入れを営業は素直に聞いてくれるでしょうか？　営業には営業の事情があるかもしれません。「マネジャーは部下Bの肩ばっかり持つよな！」というふうに営業から反感を買う可能性もあります。これはいわゆる〝御用聞き〟状態です。

失敗の原因は何か――「問題解決型コンピュータ」の弊害

では、**どこが良くないのでしょうか？　一言で言うとマネジャーの「しゃべりすぎ」です。**我々マネジャーのところには、日頃から様々な相談・トラブルが舞い込んできます。しかも、それらを素早く、的確に判断していくことが求められます。そのため、マネジャーの頭の構造は、「問題解決型コンピュータ」になってしまっているのです。

そして、そのコンピュータが１ｏｎ１ミーティングの時についつい起動してしまうのです。その結果、部下の悩み事、相談に対する「アドバイス」という解を導き出そうとするのです。しかし、それは本来の１ｏｎ１ミーティングの目的ではありません。

みなさんが今後、１ｏｎ１ミーティングの席につく時は、まずはこの「問題解決型コンピュータ」の電源を切ってください。そして部下の話にしっかりと耳を傾けてください。**次にしゃべることを考えながら聞いてはいけません。アドバイスしてもいけません。それくらいの心構えで臨む姿勢が、マネジャーには求められます。**

空いた時間じゃダメ！
必ず時間を確保する〝覚悟〟を部下に示す

１ｏｎ１をルーティン化する

１回の１ｏｎ１ミーティングに、だいたいどれくらいの時間をかけたら良いのでしょうか？　私の場合は、１人あたり30分から（長くて）１時間くらいを目安に、毎月８人の部下と面談しています。「そんな時間ないよ」という声が聞こえてきそうですね。私も１ｏｎ１ミーティングに取り組み始めた頃は、時間を確保するのに苦労していました。「今月は忙しいからスキップしようかな…」と思うこともしばしばありました。しかし途中でやめてしまうと、部下から「毎月１ｏｎ１ミーティングやるって言ってたけど、最初だけだったね」と言われそうで、それが嫌で、半分意地になって毎月続けていました。

ところが、１ｏｎ１ミーティングを頑張って続けていると、それが毎月の〝リズム〟

みたいになってきたのです。マネジャーのみなさんには、毎月のルーティンワークがあると思いますが、その中の一つに入れてしまうイメージです。私の場合、前月の最終週、または当月の第1週に「１ｏｎ１予定」と自分の手帳に書きます。そして毎月のルーティンの一つとして、部下全員との次回の１ｏｎ１ミーティングの予定を組みます。予定した時間帯には極力、他の仕事は入れないようにします。つまり、**1on1ミーティングの〝ルーティン化〟です。**

みなさんは忙しいマネジャーです。「空いた時間でやろう」と思っても絶対にうまくいきません。その程度の心構えだと、仮に１ｏｎ１ミーティングを行う時間をつくれたとしても、必ず他の仕事を優先してしまいます。**「1on1ミーティングは毎月やる!」という、あなたの〝覚悟〟を部下たちに示してください。**そうすることで、「１ｏｎ１ミーティングに対して、あなたがこだわりを持っている」、「毎月やるだけの価値があると考えている」というメッセージを部下に伝えることができます。

1on1のルーティン化は、究極の業務効率化である

部下ひとりあたり30分〜1時間の面談時間を毎月確保するのは、決して簡単なこと

ではありません。私の場合ですと、部下８人との面談には４〜８時間が必要になるので、毎月、半日〜まる１日は時間を取られています。一見、非効率なように見えますが、実際にやってみると１ｏｎ１ミーティングの効果を実感することができます。

私は、１ｏｎ１ミーティングを始めてからしばらくたった頃に、いくつかのことに気が付きました。「部下とのコミュニケーションが活発になった」「部下の仕事がよく見えるようになった」「部下の考え・価値観が理解できるようになった」「目標に向かって部下が積極的に動くようになった」などです。１ｏｎ１ミーティングを続けることで、ほとんどのマネジャーが抱えるであろう課題があっという間に解消されました。特に、部下の価値観を理解することや、部下に積極的に動いてもらうことなどは、マネジャーにとってはかなり難易度の高い課題です。１ｏｎ１ミーティングを行うことでこれらの課題を解決できるということは、マネジャーにとって、まさに〝究極の業務効率化〟なのです。

とはいえ、部下が２〜３名であれば、個別にスケジューリングするのも比較的容易ですが、５名以上にもなると、ひとり一人別々にスケジュールを組むのは非効率的です。部下との面談には時間をかけても、スケジューリングはできるだけ省力化したいところです。そこで、次の項目では、私が部下８名との１ｏｎ１ミーティングをどのように行っているのか、具体的なスケジュールの組み方をご紹介しながら、効率的な１ｏｎ１ミーティングの運営方法を教えたいと思います。

「先出し予定表」であなた中心のスケジュール組みが超ラクになる

多忙なマネジャーも、これを使えば1on1を続けられる

どれだけ忙しいマネジャーのみなさんでも、翌月の予定がすべて埋まってしまうことはないと思います。もしそんなマネジャーがいたら、仕事の進め方を見直した方がいいでしょう。

私は前月の段階で、翌月の1on1ミーティングの予定を組んでいます。私には部下が8名いますので、半日の空きスケジュールを3～4日確保します。実際の面談時間は30～50分程度ですが、1人1時間のコマを取ります。立て続けに組むとこちらも疲れるので、次のコマとの間に30分の休憩時間を設けます。この間隔だと、午前中なら2コマ、午後なら3コマ、4日合計で8～12コマ程度を確保できます。他のスケジュールが入らないよう、予定を組んだ時間帯は自分のスケジュールを埋めておきます。

面談場所の確保も忘れないでください。

次に、部下への連絡です。私の会社には社員用の共有フォルダがあるので、エクセルで作った予定表を共有フォルダに入れておきます。社内の共有フォルダがなければ、ネット上のスケジュール管理サイトでも構いません。早い者勝ちなので、8人の部下の希望日時がかぶることもあります。その場合はお互い話し合って決めるなど、部下同士で調整することにしておき、調整できない場合だけマネジャーが個別に日程を組むようにします。このようにすれば、マネジャーが調整する手間が省けます。

面談日程の決定、面談場所の確保、スケジュール表の作成、部下への案内など、8名の部下との1on1ミーティングのスケジューリングは、慣れてしまえば15分もあればできてしまいます。このサイクルを、マネジャーの毎月のルーティン業務の一つに加えてしまうのです。

6月20日（月）		6月21日（火）		7月11日（月）		7月13日（水）		7月27日（水）	
名前	場所	名前	場所	名前	場所	名前	場所	名前	場所
					7F				
					7F				
					7F				
	8F	I課長代理	8F		7F	S課長代理	8F		
K担当	8F		8F		7F	Kパート	8F		
N主任	8F	T主任	8F		7F	I課長代理	8F	T主任	8F
S主任	8F		8F	K担当	7F			N主任	8F

9月20日（火）		9月21日（水）		9月27日（火）					
名前	場所	名前	場所	名前	場所	名前	場所	名前	場所
			7F	I課長代理	7F				
S主任	8F	S課長代理	7F		7F				
	8F	Kパート	7F		7F				
	8F		7F	T主任	7F				
N主任	8F		7F	K担当	7F				

10月24日（月）		10月25日（火）		11月15日（火）		11月21日（月）		11月22日（火）	
名前	場所	名前	場所	名前	場所	名前	場所	名前	場所
	7F						7F		
S課長代理	7F					S主任	7F		
	7F						7F		
	7F						7F	I課長代理	8F
	7F	I課長代理	8F			Kパート	7F		8F
	7F		8F			S課長代理	7F		8F
T主任	7F					T主任	7F		8F
K担当	7F			K担当	応接		7F	N主任	8F

名前	場所	名前	場所	名前	場所	名前	場所	名前	場所

1on1ミーティング　予定表

第1Q

	5月18日（水）		5月25日（水）		5月31日（火）		6月14日（水）	
	名前	場所	名前	場所	名前	場所	名前	場所
9:00～9:30								
10:00～10:30								
11:00～11:30								
13:00～13:30		8F	I課長代理	7F		7F		
14:00～14:30	Kパート	8F		7F	K担当	7F	Kパート	8F
15:00～15:30		8F		7F	N主任	7F	S課長代理	8F
16:00～16:30		8F	T主任	7F		7F		8F
17:00～17:30	S課長代理	8F	S主任	7F		7F		8F

第2Q

	8月9日（火）		8月10日（水）		8月23日（火）		8月30日（火）	
	名前	場所	名前	場所	名前	場所	名前	場所
9:00～9:30								
10:00～10:30		7F						
11:00～11:30		7F						
13:00～13:30		7F						
14:00～14:30		7F	S主任	8F			Kパート	7F
15:00～15:30		7F	K担当	8F				7F
16:00～16:30		7F	T主任	8F	S課長代理	8F		7F
17:00～17:30	I課長代理	7F			N主任	8F		7F

第3Q

	10月13日（木）		10月18日（火）		10月19日（水）		10月21日（金）	
	名前	場所	名前	場所	名前	場所	名前	場所
9:00～9:30						7F		
10:00～10:30					S主任	7F		
11:00～11:30					N主任	7F		
13:00～13:30			Kパート	応接		7F		
14:00～14:30		7F				7F		
15:00～15:30		7F				7F		
16:00～16:30		7F				7F		
17:00～17:30		7F				7F		

第4Q

	名前	場所	名前	場所	名前	場所	名前	場所
9:00～9:30								
10:00～10:30								
11:00～11:30								
13:00～13:30								
14:00～14:30								
15:00～15:30								
16:00～16:30								
17:00～17:30								

１ｏｎ１ミーティング開始直前の注意点

マネジャーは、面談時間の２～３分前には面談の席に着くよう心掛けてください。マネジャーが面談時間に頻繁に遅れるようだと、１ｏｎ１ミーティングに対するマネジャーの姿勢を部下から疑われかねません。注意してください。

ちなみに私は、１ｏｎ１ミーティングの開始時間前は、たとえ部下が隣にいても、声をかけることなく面談場所に向かいます。「先に行っとくよ」と声をかけてもいいのですが、**あえて声をかけないことで、「言わなくても当然やること」として、私が１ｏｎ１ミーティングを大事にしているということを、（無言で）部下に伝えているつもりです。**

たまに、面談が入っていることを忘れてすっぽかす部下もいますが、ここで怒ってはいけません。10分ほど待ってから部下の携帯に連絡し、「１ｏｎ１ミーティングの時間だけどまだ？」と聞くだけで十分です。それだけで部下は反省し、次からは忘れなくなります。**１ｏｎ１ミーティングに対するマネジャーの姿勢が部下に伝わると、面談に遅れたり、忘れてすっぽかす部下も減ってきます。**

１ｏｎ１ミーティングを成功させる秘訣は、このスケジューリングにあります。マネジャーとして１ｏｎ１ミーティングを毎月やると決めたら、最初は頑張って、意地でも半年は続けてください。半年続けることができれば、自分の毎月の仕事のルーティンとして定着してきます。半年継続することができた時には、今までは見えていなかった部下の考えや気持ちから、多くの気付きが得られるはずです。

「昔のタバコ部屋」「飲み会の席」くらいの〝ノリ〟がちょうどいい

何でも気軽に話せる空間をつくる

マネジャー「まあ、コーヒーでも飲みながら気楽に話そうよ」

部下A「ありがとうございます、ではいただきます」

マネジャー「先週の休日は久しぶりに時間が取れたので釣りに行ってきたよ。Aさんは休日はゆっくり休めてる？」

部下A「はい、実はプログラミングスキルを身に付けようと思いまして、スクールに最近通い始めたんです」

マネジャー

「そうなんだ。なんでプログラミングスキルを学ぼうと思ったの？」

部下A

「もともと興味があったんです。将来的にはＩＴ関連の部署も経験してみたいなと思って、思い切って始めてみました」

部下を持つマネジャーのみなさんは、自分の部下と気楽に話す機会がどれくらいあるでしょうか？　自席から気軽に部下に声をかけたり、部下の席まで移動して話しかけたりと、部下とのコミュニケーションを意識している人も多いでしょう。しかし、部下としては、周りの同僚の目がある中でマネジャーと腹を割って話そうという気持ちにはなかなかなりにくいものです。

一昔前までは、だいたいどこの会社にも設置されていた喫煙スペース、いわゆる〝タバコ部屋〟も、喫煙者の減少から廃止・または縮小する会社が増えました。私はタバコをやめてからしばらく経ちますが、若い時はタバコ部屋で先輩や同僚とよく話をしていました。タバコ部屋には他の課の先輩も集まるので、だいたい「最近どう？」

と先輩から話しかけられて会話が始まることが多かったと思います。「最近どう？」なので、テーマは決まっていません。仕事が忙しいのか、困っているのか。そもそも仕事の話なのかプライベートの話なのかも決まっていません。私にとって〝タバコ部屋〟は、何でも気軽に話せる貴重な空間でした。

タバコ部屋での会話は、タバコを吸うことと話すこと、この２つの行為を行ったり来たりしながら行われる〝ながら会話〟です。タバコを吸うことが主目的なので、会話が消えたら吸って、煙を吐いたら話せばいいので間も持ちます。リラックスした状態ですので、落ち着いて相手に考えを伝えやすいというメリットもあります。

冒頭の会話は、タバコの代わりにコーヒーを用意した１ｏｎ１ミーティングの対話例です。コーヒーがあることで「気楽に話していい」という雰囲気ができ、マネジャーが自分からプライベートの話を切り出すことで、部下も「プログラミングのスクールに通い始めた」ことを打ち明けてくれました。ここから部下の考えに耳を傾けて、対話を深めていきます。

1on1ミーティングは、部下とコミュニケーションをとる貴重な機会

近頃は、新型コロナウイルスの影響で、飲み会もすっかり減ってしまいました。最近の新入社員はコロナ禍の中で学生生活を過ごしていたため、サークルや友達との飲み会もほとんど経験せずに入社してくるというケースも珍しくありません。職場では普段話しづらいことも、少しアルコールが入った飲み会の場なら話しやすくなります。先輩に話を聴いてもらったり、悩みを打ち明けたりと、飲み会の場がストレス発散の場になっていたことは確かです。

タバコ部屋や飲み会が減ったことで、若い人が先輩に話を聴いてもらう機会が、昔に比べて少なくなったことは間違いありません。今後はＤＸ（デジタルトランスフォーメーション）の進展により、人と人とのコミュニケーションが、さらに減っていくことが予想されます。昔のような先輩とのリアルでのコミュニケーションの機会は、〝努めて〟設けようとしなければ、自然発生的にはなかなか復活しないと思います。

しかし、マネジャーが「部下とのコミュニケーションの機会を増やそう」と意識していても、日々の業務の忙しさから、つい後回しになりがちです。何人も部下がいる

組織なら、コミュニケーションの頻度にも、必ず偏りが生じます。マネジャーにも、気の合う部下と、苦手な部下がいますので、苦手な部下とのコミュニケーションは、どうしても少なくなりがちです。だから、毎月定例の１ｏｎ１ミーティングを設けることに意味があるのです。

　１ｏｎ１ミーティングの場は、昔のタバコ部屋や飲み会の場のような雰囲気でも全然構わないのです。コロナやＤＸの進展により対面でのコミュニケーションの機会が少なくなったいま、１ｏｎ１ミーティングの場は、マネジャーと部下が面と向かって気軽に話せる貴重な場です。タバコ部屋や飲み会くらい、肩肘張らない１ｏｎ１ミーティングを是非、目指してください。

「最近仕事どう？」の超オープン・クエスチョンで始めてみる

「オープン・クエスチョン」と「クローズド・クエスチョン」

マネジャー「最近仕事どう？」

部下「少し慣れてきた感じはあります。まだまだですけど…」

マネジャー「そうなんだ。少し慣れてきたんだ」

部下「お客さまとの関係を築くのに最初苦労しましたので…」

マネジャー「そうだったのか。具体的にはどんなことに苦労したの？」

１ｏｎ１ミーティングと聞くと「部下と何を話せばいいのだろう？」と考えてしまうマネジャーも多いのではないでしょうか？　会議室でお互い向き合って、マネジャーから「今日は１ｏｎ１ミーティングの日だ、何でも話していいぞ」と言われた側の部下も、戸惑ってしまうかもしれません。

実は私も１ｏｎ１ミーティングを始めたばかりの頃はそうでした。すぐに話す内容が尽きてしまい、自分のプライベートの話など、他愛もない話で時間をつないでいたこともありました。部下の方からプライベートの相談を持ち掛けられる場合や、マネジャーとして自己開示するためにプライベートの話を持ち出すのは構いませんが、１ｏｎ１ミーティングはあくまで仕事の話がメインです。**私は部下と話したいことが特に決まっていない時は、「最近仕事どう？」と切り出すようにしています。**

「オープン・クエスチョン」「クローズド・クエスチョン」という言葉を聞いたことがある方も多いと思います。前者は回答に制限を持たせず、自由に答えてもらう質問形式であるのに対して、後者は「Ｙｅｓ／Ｎｏ」や二者択一などの質問形式のことを言います。「最近仕事うまくいっている?」はクローズド・クエスチョンです。返ってくる答えは「はい、うまくいっています」か「いいえ、うまくいっていません」のどちらかになってしまい、話が広がりません。

「オープン・クエスチョン」で話を展開しつつ、「傾聴」に徹する

一方、「最近仕事どう?」というオープン・クエスチョン方式だと、「うまくいっています」「少し忙しいです」「面白くなってきました」「ちょっと困ったことがあります」など、様々な答えが返ってくる可能性があり、話も広がりやすいです。だから、まずは「最近仕事どう?」というオープン・クエスチョンから話をスタートさせます。これでは仕事のどの部分のことを聞かれているのか分かりませんが、最初はそれで構いません。返ってきた答えに対して質問をしてどんどん掘り下げていきます。冒頭に紹介した対話例では「慣れてきた」というキーワードから「お客さまとの関係を築くのに苦労した」というホンネを引き出しています。そこから、どういった点で苦労していたのか、なぜ苦労したのか、といった感じで部下のホンネにゆっくりと近づいていくイメージです。

部下が「仕事は順調です」と答えたとしても、決して「そうか、順調なんだな。今月の○○商事さんとの商談もうまくいったもんな」などと、**マネジャーが話を先導しないように注意してください。**部下の話を聴いて、「あれかな？　これかな？」といろいろ思い当たることが頭に浮かんでも、自分からは話を先導せずグッと我慢してください。**マネジャーが話を先導すると、部下が本来話したかったことを話せなくなってしまうからです。**部下の話が右に行けば右に、左に逸れたら左に、といった具合に、質問を繰り返しながら**部下の話に後ろからついていくイメージです。**これを繰り返していくうちに、だんだんと部下が話しやすい雰囲気になっていきます。

「次に何を話そうかな」と頭の中で考えながら部下の話を聴いてもいけません。部下の話を聞いて、改善策やアドバイスが頭に浮かんでも、頑張って頭の中にとどめてください。マネジャーのところには、日々様々な問題や相談事が持ち込まれるため、みなさんには、頭の中にある問題解決型コンピュータの電源がすぐＯＮになる習性があります。もはや職業病と言ってもいいかもしれません。毎月の１ｏｎ１ミーティングの際に、問題解決型コンピュータの電源を切る訓練を重ねることが大切です。

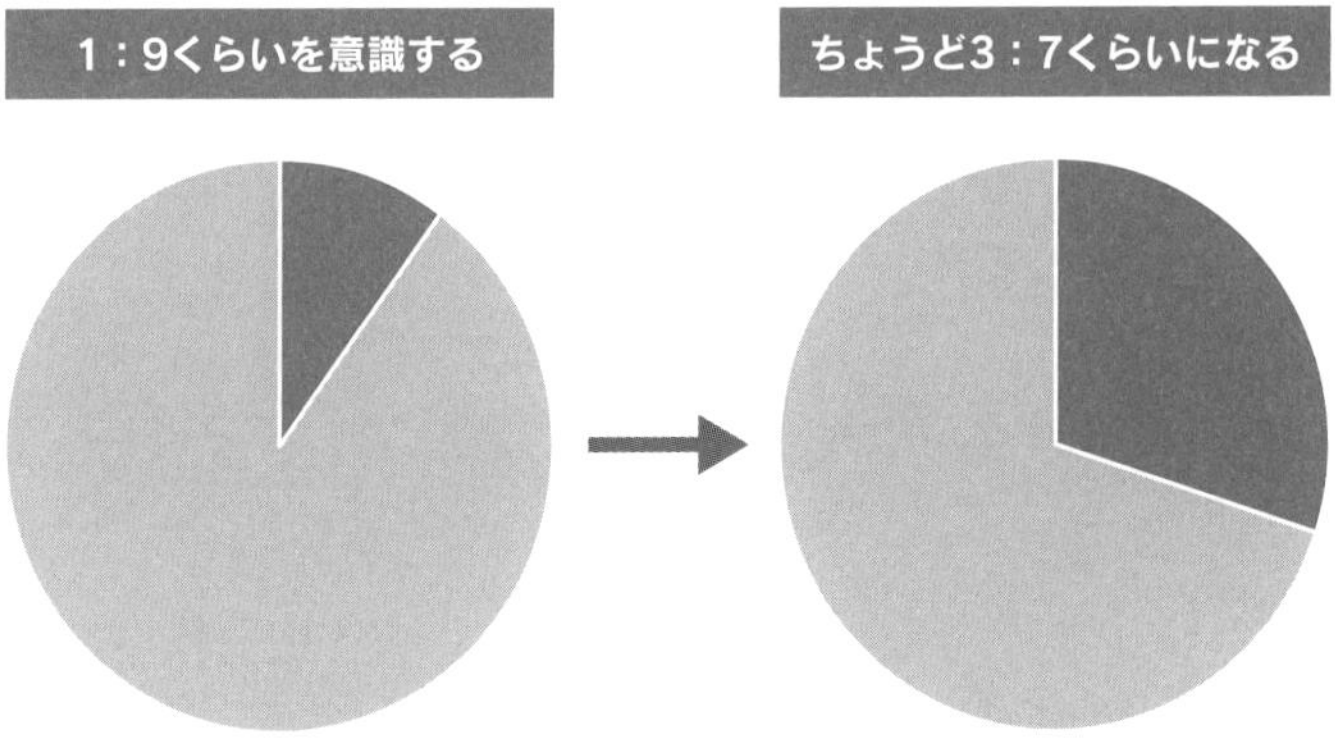

そして**部下から、「嬉しい」「悔しい」「怒った」などの〝感情ワード〟が出てきたら、絶対に聞き逃さないようにしてください。**そこには、部下のホンネが隠れている可能性が高いからです。感情ワードが出てきた周辺の出来事を、じっくりと掘り下げていってください。

ただし、掘り下げようと前のめりになって話しすぎないように注意してください。**マネジャーと部下との対話の比率は、3：7が一番良いと言われています。**私も、できるだけ部下に話してもらうよう意識しているつもりですが、逆に私が7くらい話してしまい、面談が終わった後で反省することはしょっちゅうあります。**最近では1：9くらいを意識して、ちょうど3：7くらいになっているような気がします。**「聴く」ことに徹するのは容易ではありませんが、部下の話をしっかりと「聴く」スキルは、今の時代のマネジャーに必須のものです。

産業カウンセラーの「傾聴スキル」で部下のホンネを引き出す

産業カウンセラーの「傾聴における基本的態度」

１ｏｎ１ミーティングにおいて最も大切なことは、「部下の話をしっかり聴く」ということです。耳を傾けて聞く「傾聴」という言葉がよく使われますが、ただ部下の話をなんとなく聴いていれば良いというわけではありません。１ｏｎ１ミーティングには「聴き方」があり、産業カウンセラーの傾聴スキルが非常に有効となります。ここでは、産業カウンセラーの傾聴スキルを使った、１ｏｎ１ミーティングでの対話のやり方をご紹介します。

カウンセリングを行う人をカウンセラー、相談する側の人をクライエントと言います。カウンセリングは、カウンセラーとクライエントの間に利害関係があると成り立たないと言われています。例えば、両者の間に親と子・上司と部下といった関係がある場合です。私情や利害関係が障害となり、カウンセリングに支障を来すからです。ですので、部下をクライエントとして、マネジャーがカウンセリングすることは本来は難しいのですが、ここでは１ｏｎ１ミーティングでの部下に対する向き合い方のスタンス、という意味合いでご紹介したいと思います。

産業カウンセラーのカウンセリングにおいては、「受容」「共感」「自己一致」と呼ばれる「傾聴における基本的態度」が大切になります。ここでは１ｏｎ１ミーティングにおいて「実は法人営業が苦手なんです」と部下が打ち明けてきたケースで見ていきましょう。

マネジャー  **「最近、法人開拓の取組は順調にいっていますか？」**

部下A  「それが実はあまりうまくいっていません。もともと法人営業には苦手意識があって…」

マネジャー  **「そうですか、Ａさんは法人営業には苦手意識があるんですね」**

部下A

「はい、それではダメだと分かってはいるんですが…」

マネジャー

「どのあたりが苦手だと思ってるの？」

受容

基本的態度の一つ目の「受容」とは字のごとく、「相手を受け入れる」ということです。部下の考え方に納得がいかなくても、たとえ部下が間違ったことを言ったとしても、いったん受け入れる、ということです。また、話の途中で部下が抱える問題の解決策が思いついたとしても、部下の話を遮らずに最後まで聴くことが求められます。

ここでは「法人営業が苦手」と打ち明ける部下に対して「苦手意識があるんですね」とオウム返しに返答しています。**部下の発言をそのまま返すことで、部下は自分の考えをマネジャーが受け取ってくれたと感じ、ホンネを話しやすくなります。**

共感

次に「共感」です。「そうだよな、法人営業は難しいもんな、私も若い頃は法人営業が苦手だったよ」。これは「共感」ではなく「同感」です。部下の話に対して「同意」しているだけで、「共感」しているわけではありません。しかも、部下は「苦手」としか言っていないのに、「難しい」というマネジャーの勝手な価値判断が入ってしまっています。「マネジャーの時代と今とでは、時代もやり方も違うんだけどなぁ…」と、部下が感じるかもしれません。「そうですか、Ａさんは法人営業には苦手意識があるんですね」。これだけでＯＫなのです。部下が言ってきたことに対して、マネジャーの解釈を交えず、部下にそのまま返せば良いのです。

それに対し部下は、「はい、それではダメだと分かってはいるんですが…」と言っています。部下のホンネが少し見えてきました。ここで部下は「いえ、苦手というより、経験が少ないと思うんです。だから自信がないんです」と返答するかもしれません。この場合、部下は、当初「苦手」と表現していた自分の意識を、「経験が少ない」という言葉に置き換えて表現しています。このように、部下は対話の中で自分の考えを深めていくことができます。これを「内省」と言います。**部下が表現したことに対し、マネジャーは自分の考えを挟まず「受容」し、「共感」することで、部下に内省を促し、対話がより深まっていきます。**

受容	相手を受け入れる。話を遮らずに最後まで聴く
共感	同意するのではない。解釈を交えずにそのまま返す
自己一致	相手側の視点に立つ。意見を挟まず話についていく

自己一致

最後に「自己一致」です。「そうですか、Aさんは法人営業には苦手意識があるんですね（そんなに難しいかなぁ、むしろ色んな提案ができて面白いと思うけどなぁ…）」。これは、表向きには共感を示していますが、自己一致ができていない状態です。もちろん、他人である部下の気持ちを真に理解することは不可能です。カウンセリングは「視点交換」とも言われます。**相手の気持ちを理解しようとするのではなく、相手側の視点に立つことが大事です。**自分は「法人営業は面白いのに」と考えながら部下の話を聴いていると、無意識のうちにそれが態度や雰囲気に現れます。あくまで部下の視点で、部下の悩みに後ろからついていくイメージです。**部下より前に出ず、意見を挟まず、部下の話にひたすらついていく。そうすることで部下に「内省」を促すことができます。**

１ｏｎ１では「傾聴における基本的態度」を意識し続けることが大切

私は1年以上のトレーニングを経てようやく、産業カウンセラー資格を取得しました。しかし、今もなお、部下との１ｏｎ１ミーティングが終わった後、「自分の意見を押しつけてしまったかなぁ…」と反省することがしばしばありますので、未だに自分が理想とする１ｏｎ１ミーティングには程遠いと思っています。一朝一夕《いっちょういっせき》に身に付くものではありませんが、**産業カウンセラーが使っている「受容」「共感」「自己一致」を意識し続けることで、あなたの１ｏｎ１ミーティングは必ず良くなります。**

自分の過去を振り返ってみてください。自分のことを本気で理解しようとしてくれたり、自分の立場になって真剣に話を聴いてくれた人がどれだけいたでしょうか。それほど多くはいなかったはずです。だから、部下の話をきちんと聴くことさえできれば、それだけで、マネジャーは信頼に足る存在になり得ます。結論を出さなくてもいいのです。アドバイスしなくてもいいのです。ただひたすら部下の話についていく。それだけで十分なのです。聞き役に徹し、部下に対する理解を深めて部下のホンネを引き出してください。

一人称で話す、×「よくやった」○「私は嬉しかった、私は助かった」

「褒めて伸ばす」は正しい？

「部下は褒めて伸ばす」。マネジャーが部下を育てるスタンスとして、よく使われる言葉です。昭和の時代の先輩社員と、平成・令和の時代の若手部下では、育ってきた環境が全く異なります。昭和時代の先輩社員たちは「先輩の背中を見て技を盗め」とか「怒られてナンボ」などと言われて育った世代です。そして、それが普通だと認識し、そんな指導方針・考え方に疑問を挟む余地もありませんでした。

ところが、**平成・令和に育った部下たちは、昭和時代の先輩たちと、決定的に違うことがあります。それは「情報量」です。**テレビ、新聞、雑誌が主な情報源であった昭和時代と比べると、平成・令和時代は、スマホなどを使ってウェブサイト・SNS・YouTubeなどのネット環境から得られる情報量が飛躍的に増えました。わざわざ「先輩の背中を見て技を盗む」などという面倒なことをしなくても、スマホで「営業スキル」といったキーワードを入力してネット検索すれば、労せずして大量の情報を得ることができます。

一昔前にはよく聞かれた「怒られるうちが華」という言葉も、最近ではほとんど耳にすることがなくなりました。そもそも「怒ること」自体がタブー視される時代になり、「これってパワハラじゃね？」と部下から言われる恐怖感から、「指導」と「パワハラ」の境界線に悩むマネジャーも増えました。そのためか、パワハラと受け取られるリスクのある「指導」をあえて選ぶより、「褒めて伸ばす」スタイルが、社会で支持を得ているようです。

少しうがった見方かも知れませんが、私には「褒めて伸ばす」は、いわゆる〝何でもかんでもハラスメント時代〟に編み出された、〝リスクヘッジ部下育成法〟に思えてならないのです。

確かに、人から褒められて嫌な気持ちになる人は少ないでしょう。しかし、部下たちは本当に〝マネジャーに褒められること〟を望んでいるのでしょうか？

「君はよくやった」「大したものだ」など、相手を褒めるフレーズは、自分より目上の人には絶対に使いません。同僚や部下に対して使うのが普通です。つまり、**相手を「褒める」時には、無意識のうちに〝上から目線〟になっているのです。**マネジャーより優秀な部下だと、「あなたに褒められてもねぇ」と部下が思う可能性だってあるわけです。

自分が尊敬するスポーツ選手や恩師から褒められたら、それは嬉しいはずですし、もっと頑張ろうとさらにモチベーションも上がります。だから、部下を「褒めて伸ばす」ためには、部下が「あのマネジャーのようになりたい」と思ってくれるような「尊敬されるようなマネジャー」である必要があります。さて、みなさんはどうでしょうか？　一気にハードルが上がったとは感じませんか？　少なくとも私を、「尊敬するレベル」だと感じてくれていた部下が今まで何人いたのかを問われたら、私には全く自信がありません…。

対等な立場で「プラスの事実」をそのまま伝える

「褒めるより事実を伝える」ことを意識していただきたいと思います。部下が成果を出してくれたら、マネジャーはきっと〝嬉しい〟はずです。あるいは、部下がピンチをくぐりぬけてくれたら、心の中では〝助かった〟と思うこともあるでしょう。**マネジャーのあなたが〝嬉しい〟〝助かった〟と感じたことは、「事実」です。その事実を部下に素直に伝えてください。**

イメージしてみてください。あなたは、上司から「よくやったな！」と言われるのと、「私は嬉しかった！」「私は助かった！」と言われるのとでは、どちらの方が「次も頑張ろう」と思えるでしょうか？　おそらく後者なのではないでしょうか。

マネジャー  **「A工業からの契約注文よく取ってくれたね」**

部下A  「はい、周りのメンバーにもサポートしていただいたお陰です」

マネジャー  **「Aさんが最後まであきらめなかったからだよ。私はそのことがすご**

く嬉しかった！」

部下A

「ありがとうございます。マネジャーに喜んでいただけるよう次も頑張ります！」

「よくやった」には第三者的な評価目線が入りますが、「私はこう感じた」は一人称の表現です。一人称表現は良いことがあった時だけでなく、悪いことがあって部下を指導する際にも有効です。「こんなんじゃダメだろ！」と言えば、「高圧的な態度で叱責された」と受け取る部下がいるかもしれませんが、「私は残念だった」「私はがっかりした」なら、**あなたが感じたことを素直に部下に伝えただけであり、ハラスメントと捉えられる可能性は低いでしょう。**

一人称表現は、相手と対等な表現と言えます。上の立場に立って褒めるわけでもなければ、部下に気を遣ってへりくだるわけでもありません。部下のやる気をさらに引き出すために、みなさんも是非〝一人称で話す〟ことを意識してみてください。

「本当はどうなったら嬉しい？」で部下の「なりたい自分」が見えてくる

1on1ミーティングで、部下のキャリアビジョンの形成を手助けする

1on1ミーティングでは、部下の将来像、いわゆる「キャリアビジョン」について話し合うことがあります。将来やってみたい仕事内容や、経験してみたい部署、目指したい役職などについての話し合いです。**マネジャーと部下が、お互いに将来のキャリアビジョンをしっかりと共有し、ベクトルを合わせることは、部下の成長を促す上でとても大切なことです。**

このベクトル合わせは、簡単なようで非常に難しいです。なぜなら、部下自身が自分の将来像を描けていないことがほとんどだからです。例えば、「本社の○○課に行ってみたいです」と、自分が行きたい部署を言ってくるケースがあります。もちろん、部下が行きたい部署をマネジャーが把握しておくことは大切ですし、その実現に向けてマネジャーとしてできる努力を惜しんではいけません。

　しかし、部下が行きたがるような人気の部署は、競争率も高いことが多く、部下の希望が必ず叶うとは限りません。あまり希望部署の話ばかりすると部下の期待が勝手に膨らんでいき、希望が叶わず他の部署への異動を命じられた時の部下の落胆が大きくなります。そもそも部下は、希望する部署に関して、断片的で都合のいい情報しか持っていないことが多いため、そこでどんな仕事をするのか、理解していないケースがほとんどです。

「将来は管理職になりたいです」といった、ポストの目標を持っている部下もいます。マネジャーとしては嬉しいことですが、この場合も、「サラリーマンたるもの管理職を目指すべき」といったような、先入観によるものであったり、昇進による金銭的インセンティブが理由であることも多いです。

　昇進による金銭的インセンティブが、必ずしも悪いわけではありません。それによってモチベーションが上がる部下もいるでしょう。しかし、若手の社員は、管理職が何をやるのか分かっていないことも多いです。そのため、1on1ミーティングの場での「キャリアビジョンの形成・共有」のための話題としては、必ずしも適切とはいえません。

「将来、どんな人間になりたいのか」を、部下が自分で考えられるようサポートする

部下と将来のキャリアビジョンについて話し合う時、マネジャーが最も意識しないといけないことは、マネジャーと部下の経験値の違いです。マネジャーは、自分の経験から得たものを、部下に伝えようとします。しかしそれは、マネジャー固有の経験値でしかありません。部下の未来は、まだ真っ白な状態です。**マネジャーが経験してきた過去の経験値で、部下の未来に色をつけてはいけないのです。**そのため、マネジャーは、自分目線ではなく部下目線で将来のキャリアビジョンについて話すよう、心掛けなければなりません。

マネジャー 
「Aさんには描いている将来のビジョンとかはありますか？」

部下A 
「そうですね…、昨年は個人の業績目標を達成できなかったので、今

年は絶対に達成したいです」

マネジャー

「今年達成できたらその次はどうですか？」

部下A

「えっと、来年も達成したいです」

マネジャー

「ずっと目標を達成し続けることがAさんの将来のビジョンなんですね？」

部下A

「それだけというわけではありませんが…」

マネジャー

「では、Aさんは将来どんな自分になれたら嬉しいと感じますか？」

部下A

「目標を達成するためにはお客さまから信頼されていないとダメですから…そうだ！　社内のメンバーからも社外のお客さまからも誰からも頼ってもらえるような人間になりたいです！」

１ｏｎ１ミーティングでは、「仕事を通じてどんな人間になりたいか」ということを、共通のベクトルに設定してください。**部下が自分でイメージすることが難しければ、「じゃ、将来どんな人間になれたら嬉しい?」と尋ねてみてください。**部下が「こういった人間になれたら嬉しいです」と言ってきたら、「じゃ、そのためにはどうしたらいい?」「それを実現するためには、どんな仕事の仕方をすればいい?」と、部下の仕事をベースにどんどんブレイクダウンしていきます。そして、**今の仕事の延長線上に、将来のなりたい自分がいることを、部下にはっきりとイメージさせ、毎回の１ｏｎ１ミーティングで一緒に振り返ってください。**

人生において、仕事に費やす時間は極めて長いです。寝ている時間を除けば、人生の半分近くの時間を仕事が占めています。仕事の時間を〝お金儲け〟として割り切るのは、すごく寂しい考え方です。そうではなく、**仕事の場を「成長を実現するためのステージ」と位置付け、仕事の時間は「自分が成長するための時間」であると考えられるようになって欲しいものです。**そのためにも、部下の「なりたい自分」の実現に向けた１ｏｎ１ミーティングを行うよう心掛けていただきたいと思います。

「家庭は夫の知らない家事」で「職場はマネジャーの知らない部下の仕事」であふれている

「あなたの知らないところで、部下は頑張っている」ということに気付く

読者のみなさんの中には、単身赴任をされている方も多いのではないでしょうか。私も単身赴任の期間が長かったため、掃除・洗濯・アイロンかけ・炊事など、慣れない家事をする度に、妻の存在のありがたさを感じずにはいられませんでした。

中でも掃除は、私にとって最も面倒くさい家事でした。掃除せずに1週間も放っておくと、床のゴミが目に付くようになり、テレビ台の上にはホコリが目立ち始めます。「一人しか住んでいないのに、なんでこんなに汚れるんだ?」といつも不思議に思っていました。

単身赴任を始めてしばらくたった頃のことです。休みに自宅に帰省した私は、家の中にゴミやホコリがほとんどないことに改めて気付きました。洗面台や風呂場の排水溝も全く汚れていません。自宅は妻と3人の子供が共同生活をしているので、単身赴任している私の部屋よりも4倍汚れるはずです。頻繁に掃除をしていないと、この綺麗さをキープできるはずがありません。

最近では夫婦で家事を分担する家庭も増えてきたようですが、私の場合は単身赴任する前から家事のほとんどを妻に頼っていました。私は自分が知らない家事にどんなものがあるのか、恐る恐る妻に聞いてみました。すると、洗濯の際に見つかる衣服のほつれ直し、衣類や寝具の季節ごとの入れ替え、家族の栄養を考えた毎日の献立の検討など、私が気付いていなかった家事が次から次へと出てきました。「あなたの知らないとこで私は仕事してたのよ」と、ドヤ顔で話す妻に、改めて感謝せずにはいられませんでした。

家庭に夫の知らない家事があるように、職場にもマネジャーが普段気付いていない仕事がたくさんあります。通常、部下は報告が必要だと判断した情報しかマネジャーには上げてきません。マネジャーが意識して部下から情報を取りに行く心構えがないと、普段の部下の仕事ぶりや、部下がこだわって取り組んでいることに気が付きません。

マネジャー

「Aさんはお客さまからの評価が高いし、それが営業成績にも表れているよね。普段どんなことを意識して取り組んでいるの？」

部下A

「特別なことは別に何もしていませんよ」

マネジャー

「そうなの？　でもAさんの担当先を訪問すると、Aさんのことをみなさんが褒めるんだよね。意識していなくてもAさんが自然体でやっていることとか何かあるはずだと思うんだけど」

部下A

「そうですねぇ…、これは全然大したことじゃないんですけど、スマホの連絡先にお客さまの誕生日は入れてますかねぇ…」

マネジャー

「え、誕生日？？」

当時、私の部下に、営業成績抜群でお客さまからの評判も良い女性部下がいました。これは彼女が普段どんなことを意識して取り組んでいるのかについて、ある時の１ｏｎ１ミーティングで聞いた時のやりとりです。

例えば、私であれば8月22日が誕生日なので、スマホの連絡先には「竹野さん8月22日」と登録しているというのです。すると、お客さまから電話がかかってきた時やかける時には、スマホの画面にお客さまの誕生日が表示されるので、「そういえば竹野さんて、来週誕生日ですよね？（先週誕生日でしたよね？）、おめでとうございます！」と伝えることができるというのです。誕生日を覚えていてくれて悪い気がする人はいません。こういった小さな気遣いや工夫の積み重ねが、彼女の営業成績にも反映され、マネジャーの私もその恩恵にあずかっていたというわけです。

１ｏｎ１ミーティングで聞き出そうとしなかったら、スマホに誕生日を表示させるという彼女の小さな工夫に、私は気付く由《よし》もありませんでした。これは彼女が思いついた工夫の一端で、他にも細やかな気遣いがたくさんあるはずです。「君の創意工夫は素晴らしいので、他のメンバーにも披露していいですか？」と聞くと、彼女は少し照れながらも嬉しそうな表情で了承してくれました。

「やってもらって当たり前」ではない——自分を支えてくれる部下を、日頃から労うようにする

『世界は誰かの仕事でできている』。これは私が好きなフレーズの一つで、10年程前に缶コーヒー「ジョージア」のCMで流れていたキャッチフレーズです。俳優の山田孝之さんがいろいろな職業役で出演しており、世の中は誰かの仕事で成り立っているという社会的メッセージ性の強いCMです。

家庭も職場も同じです。「家庭は夫の知らない家事」で「職場はマネジャーの知らない部下の仕事」であふれているのです。コピー機の用紙やインクの補充から、シュレッダーのごみ袋の交換まで、必ずチームの誰かがやってくれています。忙しい時にマネジャーの机の上に検印書類がたくさん積まれていると、我々マネジャーはつい面倒くさいと思ってしまいがちですが、その検印書類を作成するために、部下はそれなりの時間と労力を要したはずです。そのような苦労に報いるためにも、部下が承認書類や検印書類を持ってきてくれた時は、「いつもありがとうね」と一言いうのを忘れ

ないようにしましょう。

なにも、部下の日常業務をマネジャーが事細かに把握する必要はありません。「部下の日常業務に思いを馳せ、感謝する気持ちを持つ」ことが大切なのです。１ｏｎ１ミーティングでは、部下が現在どんな仕事に取り組んでいて、どんなところにこだわって仕事をして、どんなことで苦労しているのか、聞いてみてください。**「担当ならそんなことやって当たり前」という感覚は捨て、「いつもありがとう」と部下に声をかけ、彼らの小さな仕事を労ってください。マネジャーのその一言だけで「ちゃんと見てくれている」と部下は安心し、報われるのです。**

職場はマネジャーの気付かないことで満ちていて、そういった部下の働きでマネジャーは生かされている。そのような感謝の気持ちを持ち続けていれば、部下のエンゲージメントは確実に高まっていきます。

空気感が伝わりにくいZoom面談はダメ！ １on１はリアルに限る

Zoomを使った１on１を支持する意見もある

新型コロナウイルスの感染拡大により、リモートワークが一気に普及しました。Zoomを使った打合せは場所を選ばないため、業務の打合せなどに要する時間は、随分と効率化されました。

では、１on１ミーティングでZoomを利用するというのはどうでしょうか？ 確かに、Zoomを使えば、特定の場所に集まる必要がありません。場所を確保しなくて済むので、スケジューリングがしやすいといえます。また、短い面談を数多く実施できるので、効率的ともいえるでしょう。このような理由から、「Zoomを使った１on１ミーティングは有効だ」とする意見もあります。

それでも、Zoom面談をオススメできない理由

しかし、**私は、1on1ミーティングでZoomを使うことはオススメしません。**

1on1ミーティングに効率を求めるべきではないと思います。やらないよりはやった方がマシでしょうが、積極的に導入するべきではないと考えています。実際、コロナウイルスの感染拡大で緊急事態宣言下にあった当時、私も1on1ミーティングをZoomで実施したことがありますが、1回やったきりでその後はやめてしまいました。

私がZoomを使った1on1ミーティングをオススメしないのには、いくつかの理由があります。

〝目は口ほどにものを言う〟と言われるように、**1on1ミーティングでは、部下の目を見て表情を読み取ることが大事です。**コロナ禍でマスク生活が一般的になり、目から表情を読み取ることの大切さを実感している方も多いはずです。ところが、Zoom面談で相手の目を見ようとするとカメラを見ることになるので、厳密な意味でお互いに目を合わせることができません。いくらパソコンの画面が高精細でも、リアル面談から伝わってくる情報にはかないません。

1on1ミーティングでは細かなしぐさにも部下の気持ちが表れていることがあります。例えば、胸の前で腕を組むしぐさには、自分の身体に触れることで不安や緊張を和らげようとする心理が表れていると言われます。Zoomの画面から得られる情報は、どうしても顔の回りに限られるため、身体全体の雰囲気が分かりづらいのです。

1on1ミーティングでは、部下が「無言」になる時がありますが、それも大切な時間です。言いたいことを部下が頭の中で整理している時間かもしれないので、無理に発言を促さず、じっくり待つことがマネジャーには求められます。ところがZoom面談での「無言」は、なかなか間がもちません。

部下が在宅でリモートワークしている時は、周囲への配慮も必要です。会話が家族に聞こえる距離だと部下も話しづらいでしょうし、家族に仕事の話を聞かれたくない、という部下もいるかもしれません。小さいお子さんがいる部下だと、気が散って面談に集中できません。

Zoomはチームミーティングや打合せには非常に効率的な手段です。最近では就職の面接にもZoom面接が導入されています。しかし、1on1ミーティングにはZoom

面談は不向きです。**毎月、ひとり一人の部下とリアル面談することは一見、非効率なように見えますが、部下の人材育成においては最も効率的なやり方なのです。**部下全員とのリアル面談の時間を毎月確保し、Face to Faceの１ｏｎ１ミーティングに是非こだわっていただきたいと思います。

こんな時どうする？「話さない部下」「不平不満を言う部下」「〝頑張ります〟だけの部下」

１ｏｎ１ミーティングをやりたがらない部下にどう対処するか

１ｏｎ１ミーティングの導入に際して、導入する意義と目的を部下にしっかり理解させることが大事であることは、本章の冒頭でお伝えしたとおりです。ところが、導入当初は１ｏｎ１ミーティングに対して前向きな部下ばかりとは限りません。ここでは、マネジャーが遭遇することの多い〝困った部下〟のタイプとその対処法をご紹介します。

困った部下①――「話さない部下」

まずは「話さない」タイプの部下です。部下が１ｏｎ１ミーティングで話をしたくないのには、いくつかの理由が考えられます。マネジャーとの１対１の面談に緊張している、１ｏｎ１ミーティングの意義が分かっていない、なども考えられますが、**最**

も多いのが「マネジャーと話してもムダ」と思われているケースです。原因は、マネジャーと部下の間で信頼関係が構築されていないことにあります。信頼関係が築けていない状態で「何でも話していいよ」と言っても、部下は心を開きません。この場合、焦らずに時間をかけて信頼関係を築いていくことが大切です。では１ｏｎ１ミーティングでどうやって部下との信頼関係を築けば良いのでしょうか？　**それは「マネジャーが部下をよく知り、理解する」ことです。**

部下には〝歴史〟があります。**目の前の部下を形作ってきた過去の経験を聴くことで、その部下がどんな人間なのかが少しずつ見えてきます。**どんな家庭環境で育ったのか。学生時代は何のスポーツをやっていたのか。会社ではどんな経験をして、どんな成果を残してきたのか。その時どんなことを感じたのか。そういった、部下が歩んできた道のりを聞くことで、部下の考えやこだわりが見えてきます。その中にはマネジャーのビジョンとリンクするものがあるかもしれません。

マネジャー

「Aさんのために取ってある時間だから、何でも話していいよ」

部下A「特に話すことはないんですが…」

マネジャー「前の部署でAさんは新商品の売上トップを取ったって聞いたけど…」

部下A「新商品の性能が良かっただけですよ」

マネジャー「新商品の性能はそんなに良かったんだ」

部下A「他社商品と比べたら圧倒的です。今の時代、営業のマンパワーに頼るより、商品開発にもっと投資すべきだと思うんです」

マネジャー「Aさんは商品開発に興味があるの？」

部下A「はい、以前から商品開発部門で働いてみたいと思っていました」

この対話では、部下Aの過去の実績をテーマに、マネジャーが対話を先導することなく、部下Aの話についていっています。そこから「マンパワーに頼る時代ではない」「商品開発をしてみたい」という部下Aの考えや希望が見えてきました。

自分から話さない部下には、部下の健康をテーマにするやり方もあります。「体調はいい？」と聞いても「大丈夫です」と答えるだけなので、例えば部下の健康診断結果をもとに、問題がありそうな項目を取り上げて、生活習慣などに話題を広げていきます。

マネジャー  **「健康診断の結果が来てたけど、Bさんは問題なかった？」**

部下B  「全体的には問題ありませんでしたが、尿酸値が少し高かったです」

マネジャー  **「何か思い当たることはあるの？」**

部下B  「最近、毎日ビールを飲んでるからかもしれません」

マネジャー **「毎日ビール飲んでるんだ」**

部下B 「はい、仕事のストレスが溜まるとついつい…」

マネジャー **「仕事のストレスが溜まってるんだ。例えばどんなストレスがあるの?」**

自分から話さない部下との面談には、「沈黙」もよくあります。沈黙の間を埋めようとつい話したくなりますが、これは要注意です。沈黙は、部下が考えている時間かもしれません。部下が思索にふけっている時にマネジャーが話を振ってしまうと、部下は自分の考えを深めることができなくなってしまいます。**マネジャーは１ｏｎ１ミーティングの沈黙に慣れることも必要です。**

自分から話さない部下に対し、信頼関係が築けていないと焦る必要は全くありません。毎月の１ｏｎ１ミーティングの時間を「部下を知る時間」と捉え、少しずつ信頼関係を築いていってください。

困った部下②——「頑張ります」だけの部下

「頑張ります」しか言わないタイプの部下もいます。このタイプは、新入社員などの若手の部下に多いですが、ほとんどの場合、部下は何も考えていません。１ｏｎ１ミーティングの意義も理解していません。ここで「何をどう頑張るんだ⁉」と問い詰めてしまうとヒアリングの時間になってしまい、部下が１ｏｎ１ミーティングを嫌いになってしまいます。**問い詰めたくなる衝動をグッと我慢してください。**

マネジャー  **「Cさんは今年3年目になるね。自分の成長目標は考えてる？」**

部下C  「はい、新人も入ってくるので見本になれるよう頑張ります！」

マネジャー  **「今年の新人は優秀らしいよ。じゃ、どうすれば新人の見本になれるかな？」**

部下C  「えーっと、売上で絶対に負けないことだと思います」

マネジャー

「実績は大事だね。そのためにはどうすればいいかな？」

部下C

「そうですね…、大口取引先A社にもっと食い込む必要があると思います。そのためには商品知識を深めて、提案の数をもっと増やします！」

マネジャー

「いいんじゃない。私も応援するよ」

「例えばどういうふうに頑張るの？」とか「そのためにはどうする？」など、部下が自分を見つめ直し、部下の内省を促すような言葉を投げかけます。特に若手の場合は、詰めずに支援する姿勢を示すことが重要です。

困った部下③——「不平不満を言う部下」

１ｏｎ１ミーティングの場で、不平不満を打ち明けてくる部下もいます。この場合、マネジャーは部下の不平不満をしっかり受け止めることが重要です。マネジャーも部下の抱える問題を解決しようと対策を考えるでしょうが、それに終始してしまうと

1on1ミーティングが部下の〝苦情受付窓口〟になってしまいかねません。それに、会社に対する不満や部下同士の人間関係上のトラブルの中には、マネジャーがすぐに解決できないものもあります。

マネジャー「最近困っていることはないですか？」

部下D「営業が出してくる書類に不備が多くて毎日困っています」

マネジャー「そんなに不備書類が多いんですか？」

部下D「そうなんです、何度言っても改善してくれないので何とかして欲しいです」

マネジャー「何度も改善を申し入れてくれたんですね、ありがとう。ではDさんが今できる最善の選択は何だと思いますか？」

部下D

「最善の選択ですか？　そうですね…、考えてみれば営業全員が不備書類を出すわけではないんです。偏っているような気がします。不備書類を多く出す営業に的を絞って研修を企画してもいいかもしれません」

マネジャー

「いいアイデアだと思います。では研修の指示は私が出しましょう」

多かれ少なかれ、どんな部下でも不平不満を抱えています。**マネジャーは部下の不平不満を解決するのではなく、「受け止めて部下に考えさせる」のです。「あなたが今できる最善の選択は何ですか？」は、部下のどんな不平不満にも使えるシンプルで強力な質問です。**

１ｏｎ１ミーティングをやっていると、いろいろなタイプの部下と面談することになります。**「部下の話を受け止めて、部下に考えさせる」**。このことを意識しながら１ｏｎ１ミーティングを繰り返し、あなたの「１ｏｎ１ミーティングスタイル」を見つけてください。

第4章

1on1ミーティングで「怒りのコントロール」を学ぶ

「怒り」は人間に備わっている〝防衛本能〟と知れば「パワハラ」は起こらない

「怒りのコントロール」は、マネジャーの必修科目

「同じことを何回言わせるんだ！」「まだやってないのか！」「そうじゃないだろ！」

マネジャーのみなさんの頭の中に、こういったフレーズが1週間で何回頭に浮かぶでしょうか？　部下を指導するつもりで発した言葉でも、あとで冷静に振り返ると「もう少し別の言い方があったよなぁ…」といつも反省しているマネジャーもたくさんいるのではないでしょうか？　今は〝何でもかんでもハラスメント〟の時代です。頭に浮かんだことをそのまますぐ口に出すのはできるだけ控えた方が良いでしょう。

〝指導〟と〝パワハラ〟の境界線に悩んでいるマネジャーも多いはずです。マネジャーは常に「パワハラ」を意識したマネジメントが求められる時代になりました。

パワハラという概念が広く社会に浸透する以前のマネジャーたちには、頭に浮かんだ怒りのフレーズをそのまま部下にぶつける〝パワハラタイプ〟が今より多かったと思います。しかし当時のマネジャーたちも、好き好んで部下を叱っていたわけではありません。あくまで部下を指導しようとしていたはずです。もっとも、部下の指導に際して、今ほど「怒りのコントロール」が重要視されていなかった時代でもありました。

ところが、今の時代のマネジャーたちにとって、この「怒りのコントロール」は部下の指導において極めて重要なファクターになりました。なぜなら、**自分の怒りをコントロールできないと、〝指導〟と〝パワハラ〟の境界線をはっきり認識できなくなるからです。**もはや「怒りのコントロール」はマネジャーにとっての〝必修科目〟です。では、どうすれば部下に対する怒りをコントロールすることができるのでしょうか？

「怒りの感情が生じたら6秒待てば冷静になれる」などと言われることがあります。

確かにそうなのですが、それができれば誰も苦労しません。そもそも怒りの感情が生じてから6秒も待てる人は、既に怒りをコントロールできている人です。

「怒り」の感情が生じるメカニズム

この章では、いくつかの怒りのコントロール法をお伝えしますが、**方法論の前に押さえておくべき大切なポイントがあります。それは「怒りの感情がなぜ生じるのか?」ということです。**なぜなら「怒りの感情の発生メカニズム」を理解せず、方法論だけで自分の怒りをコントロールしようとすると、自分の中にストレスを溜め込む結果になってしまうからです。マネジャーのみなさんが精神的に健康であることは、部下育成において極めて大事なことです。では、「怒り」とは一体何でしょうか?

それは、人間に本来備わっている〝防衛本能〟なのです。人間の脳は、この1万年間変化していない、と言われています。なぜなら人類は、地球上に現れてから99・9%の時間は、狩猟と採集の生活をしてきました。つまり我々の脳は、今もジャングルやサバンナなど、大自然の中で生活するモードからまだ切り替わっていないのです。サバンナでの狩猟は、常に命の危険を伴います。もし、サバンナで猛獣にばったり遭遇してしまったら、選択肢は2つ。「闘争するか、逃走するか」です。どちらを選択するにしても、爆発的なパワーが必要です。この時、人間は瞬間的に「怒り」という感情のスイッチを入れることで、心拍数を一気に上げます。私たちに「怒り」が生じた時、考えるより先に手や口が動いてしまうのはこのためなのです。つまり「怒り」とは人間が備えている「防衛本能」の一種なのです。

ところが、現代社会においては、瞬間的に怒りのスイッチを入れて、命の危険から身を守る必要など、ほとんどなくなりました。人間の脳が進化するのには1万年かかると言われています。我々の脳は、まだ〝サバンナモード〟から〝現代社会モード〟に切り替わっていないのです。

部下を相手に、防衛本能を発動させる必要はない

「怒りとは防衛本能である」ということを理解していれば、部下に対する接し方も変わってくるのではないでしょうか？　あなたの周りには、猛獣のように襲ってくる部下はいないはずです。指示した期限までにやらない、約束の集合時間に遅れる。当然のことながら、**部下は、マネジャーのあなたを攻撃しようとしてこのような行動に**

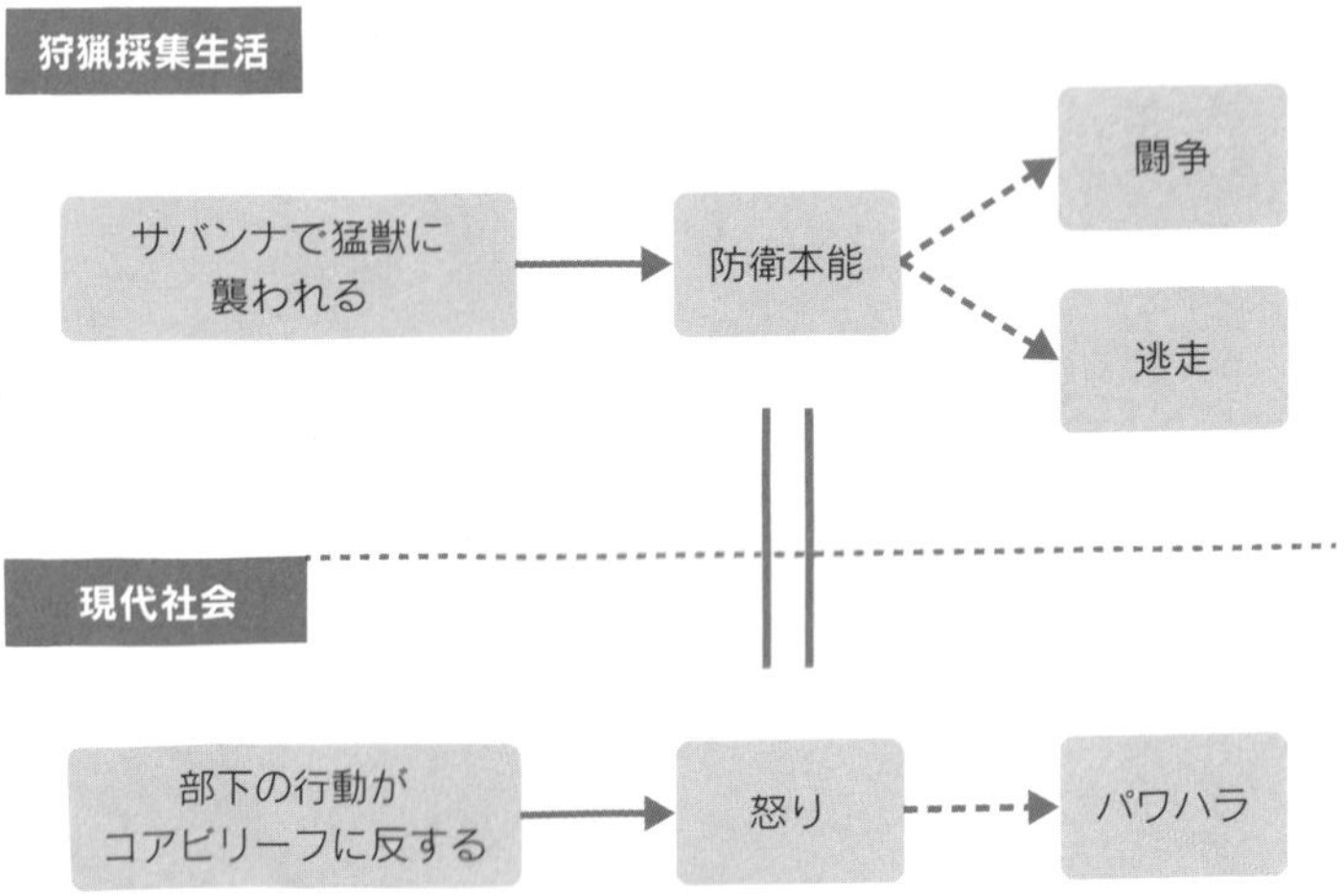

出ているわけではありません。部下が未熟であったがために生じた結果です。あるいは、あなたの指示が曖昧だったことが原因かもしれません。だから瞬時に「怒り」の感情スイッチを入れて、心拍数を一気に上げ、「闘争あるいは逃走モード」に切り替える必要など全くないのです。

この「怒り＝防衛本能」ということをしっかり理解した上で、具体的な怒りのコントロール方法について、次項からていくことにしましょう。

「怒り」はあなたの中の「〇〇すべき警察」が引き起こしている

あなたが部下に対して「怒り」を覚える理由

「怒りは人間に備わっている防衛本能である」ということはご理解いただけたかと思います。しかし我々は、突然猛獣が襲い掛かってくるような危険なサバンナや、ジャングルで生活しているわけではありません。命の危険にさらされるリスクなど、ほとんどないところで暮らしています。ではなぜ、本来、自分の身を守るために備わっている「怒り」の本能を、必要のない時に働かせてしまうのでしょうか。

２０１９年暮れに発生した新型コロナウイルスによるパンデミックにより、マスクの着用、外食や都道府県をまたぐ移動の自粛など、私たちは、様々な制約の中での生活を強いられるようになりました。変異し続けるコロナウイルスを相手に、感染から身を守るには何が正解か、はっきり分からないまま、自分たちの判断で感染予防対策を講じなくてはならなくなりました。そのため、「人によって感染予防の基準が異なる」という結果を生じさせることになりました。人前ではマスクを着用すべき、県をまたぐ移動は自粛すべき、と強く主張する人たちは、「マスク警察」や「自粛警察」と呼ばれ、マスコミなどで取り上げられるようになりましたが、彼らは感染予防の基準が最も厳しい人たちでした。

この、「○○すべき警察」は、会社の中にもいます。特に様々な業務を管理する立場にあるマネジャーの心の中には、様々な「○○すべき警察」が潜んでいます。「売上目標は絶対に達成すべき」「もっと頻繁に経過報告すべき」「挨拶は大きな声ですべき」などです。みなさんにも思い当たることがあるのではないでしょうか。

「コアビリーフ」を整理しておけば、「怒り」の感情を抑えられる

これら「○○すべき」ことは、その人が正しいと考え、絶対に守らなければいけないと思っていることで、「コアビリーフ」と呼ばれています。「こうあるべきだ」という、その人が内面に持つ無意識の理想像、とも言えます。このコアビリーフに反した行動をとる相手に対して、人は、「自分が正しいと信じている考えをないがしろにさ

れた」つまり「自分が攻撃された」と感じ、「怒り」の矛先を向けるのです。

人によって価値観が異なるように、コアビリーフも人によって異なります。「売上目標は絶対に達成すべき」と考える人もいれば、「一生懸命やって売上目標に届かないなら仕方ない」と考える人もいます。「挨拶は部下の方からするべき」と思っている人もいれば、そうでない人もいます。**自分が大切にしているコアビリーフを、相手も大切にしているとは限らないのです。**

マネジャーが部下に対して怒りを感じるのは、部下がマネジャーのコアビリーフに反する行動をとった時です。しかし、部下には部下のコアビリーフがあります。

自分が心の中にどんなコアビリーフを持っているのかを、是非考えてみてください。それは絶対に譲ることのできないものなのか、ある程度大目に見てもいいものなのか。**普段から自分のコアビリーフを〝整理〟しておくと、怒りの感情も起こりにくくなります。**

「怒り」の感情は、部下とのコミュニケーションにおいて最も邪魔になるものです。

自分のコアビリーフを冷静に見つめ直し、部下に対して沸き起こる「怒り」をコントロールする練習をしてください。

「してくれなかったこと」ではなく「してくれたこと」を数えれば怒りは収まる

わずか1%のことにとらわれず、99%のことに感謝する

マネジャーを長くやっていると、次第に部下の仕事が見えなくなっていることがあります。マネジャーの仕事は「マネジメント」「人材育成」「業績」であることは第1章で述べたとおりですが、「マネジメント」だけでも、人事・労務・総務などのチームの管理業務から、役割付与（アサインメント）、本社との連携、各種報告業務など、多岐にわたります。プレーヤー時代に自分が担っていた業務からは離れるため、部下の業務に対してだんだんと「疎く」なっていくのは、ある程度仕方のないことかもしれません。しかし、「やって当たり前」という感覚になってきたら要注意です。

1枚の紙に書かれた、綺麗な〇（マル）を思い浮かべてみてください。それだと特に気にはなりませんが、1か所だけ線が少し途切れている〇だったらどうでしょう

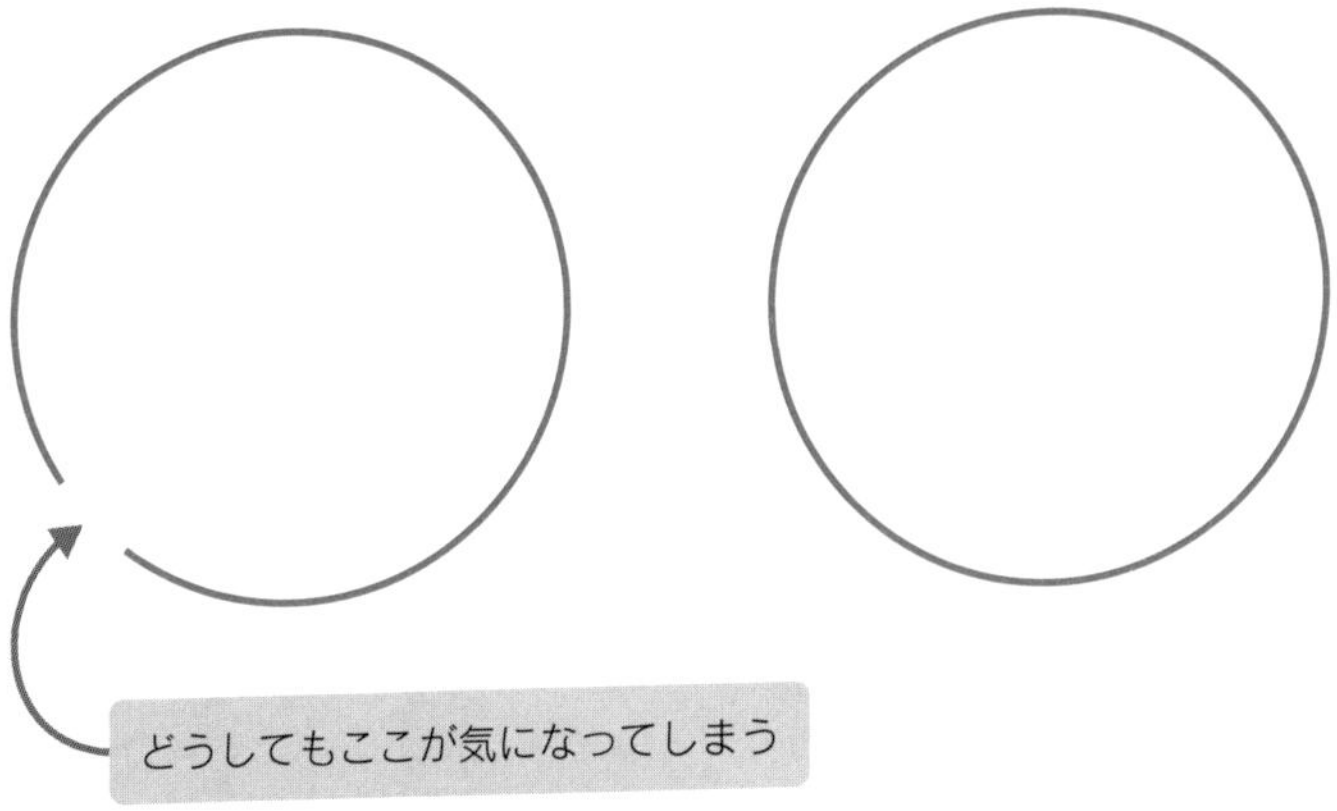

か？　その○は99％がつながっているのですが、1％だけ途切れている部分があるのです。途切れた1％部分が気になりませんか？　人によってはなんだか気持ち悪く感じるかもしれません。

部下の欠点が気になって仕方ないのは、これと同じ心理メカニズムがマネジャーにも働いているからです。99％がOKでも、たった1％の欠点が気になってしまうのです。1％の「してくれなかったこと」の方ではなく、99％の「してくれたこと」の方に、もっと目を向けるべきです。**マネジャーには普段見えにくい、「部下が当たり前にやってくれていることに思いを馳せる」ことが必要で**

す。99％のしてくれたことに感謝する気持ちがあれば、1％の欠点に対する怒りも抑えることができます。しかし、日常会話の中では、99％の部分、すなわち部下が普段から「してくれている」ことに気付くのはなかなか難しいです。だからこそ、1on1ミーティングで部下の話をよく聴くのです。

「怒りに対する自制心」をもつ

「マシュマロ・テスト」というのを聞いたことがあるでしょうか？　4歳児を対象に「目の前のマシュマロを15分間食べるのを我慢できたら、2個あげるよ」と言って立ち去り、その子の自制心を測るテストです。自制心のある子は、目の前のマシュマロを食べたい衝動を抑えて2個をGETできますが、自制心のない子は、目の前のマシュマロについ、手を出してしまいます。物事の本質を理解していても、自制心が働かずに、目の前の誘惑に駆られてしまうのです。

マネジャーも「怒りに対する自制心」を兼ね備えていなくてはいけません。部下の失敗に感情が揺さぶられた時、それによって生まれた思いが言葉になってすぐ口から出てしまうマネジャーは、自制心が足りないマネジャーと思われても仕方ありません。

失敗の背景にある部下の事情や努力に思いを馳せるよう普段から意識する必要があります。

1on1ミーティングで、部下の苦労や努力を知る

これは私が岩手県でマネジャーをしていた時の話です。岩手県は都道府県では北海道に次ぐ2番目の広さで、その面積は四国の約8割に相当します。それをわずか数名の営業担当でカバーしていたので、営業担当の移動距離はハンパありません。片道2時間以上もかかる客先もあれば、片側1車線の休憩場所がない自動車専用道路を1時間以上走らないとたどり着けない客先もありました。

私も自分で車を運転して客先を回ることがありましたが、その度に「彼らは毎週この道を通って客先を訪問しているのか…」と思い、運転しながらひそかに部下を労っていました。そんな部下の「当たり前だけど、見えない苦労」を分かっていれば、たまに部下が持って帰ってくる失敗や悩みなども、落ち着いて聞くことができます。

営業担当の他にも、会社の中で主に事務を担当する部下もいます。営業担当が持っ

て帰ってきた書類の処理や経理、会社にかかってくる電話の応対など、対応が滞るとチームが立ち行かなくなる業務を担っています。私は事務の担当者を「電気・ガス・水道」によくたとえていました。蛇口をひねれば水が出る、スイッチを押せば電気がつく、といった当たり前のインフラが失われると、すぐに我々の生活は混乱します。

事務担当者からの「マネジャー申し訳ありません、お客さまが責任者を出せと言っています」という苦情に対応することも、たまにありました。「何でもかんでもマネジャーに頼るんじゃなくて、担当者で処理してくれよなぁ…」という思いが一瞬頭をよぎることもありました。しかし「担当者で頑張って処理している苦情も、他にきっとたくさんあるんだろうな」と考えるようにしていました。

マネジャーは、ついつい部下に成果を求めたくなりますが、１ｏｎ１ミーティングでは、部下が普段どのような仕事をしているのかについて、耳を傾けてよく聴くことが大事です。そうすることで、部下の普段の苦労や努力が少しずつ見えてくるようになります。部下としても「マネジャーは自分のことを分かってくれている」「分かろうとしてくれている」と感じます。マネジャーの方から積極的に部下に対して「君が

「必要だ」というメッセージを伝えていくのです。そんな1on1ミーティングを繰り返していけば、少しずつ信頼関係が構築されていきます。

大勢の前で部下を叱りたくなるのは、あなたが他の部下に認めてもらいたいから

人前で叱りつけるマネジャーの心理

人材育成関連の書籍には「部下を大勢の前で叱ってはいけない」とよく書かれていますので、意識している方も多いのではないでしょうか？　どうしても部下を叱らないといけない場面や、厳しく注意しないといけない場面はあります。しかし部下にもプライドがあります。叱る時や、厳しい口調で注意する時は、周りのメンバーがいない場所（別室）に呼ぶなど、部下への配慮が必要です。

部下を叱らないといけないことが、あらかじめ分かっている時は、別室を用意するなど準備ができます。しかし、部下と普通に会話している中で、「え？　それは聞いてないよ！」とか「それはマズいだろ！」といった流れになることも、時々あります。思わず怒りの感情が込み上げてきて、その場で部下を立たせたまま説教を始めてしま

う。私はこのようなケースで「失敗したな」と、あとで反省することが過去に何度もありました。他の部下がいる前で、つい部下を厳しく叱ってしまったという経験は、多かれ少なかれみなさんにもあるのではないでしょうか。

前にも書きましたが、怒りの感情は、自分のコアビリーフを脅かされそうになったことに対する、防衛本能から湧き上がってくるものです。実際には部下から攻撃されているわけでは全くないのですが、マネジャーの脳は部下からの攻撃だと判断して、怒りの感情で対抗しようとするのです。

しかし、マネジャーが部下に対抗したら、部下に勝ち目はほとんどありません。部下が何らかの失敗を犯した場合なら、なおさらです。一方、マネジャーの脳内はアドレナリンが分泌され、興奮状態です。**他の部下が見ている前で、その部下を〝やっつける〟ことで、マネジャーは快感を得られます。**

もう一つ、マネジャーの脳内に湧き上がってくる感情があります。それは、周りの部下から同情を得ようとする感情です。「俺はこんな失敗を犯す部下も指導させられて大変なんだ、分かってくれよ」という感情です。

少し極端な表現を用いましたが、分かりやすく言うと、これが他の部下の前で叱ってしまうマネジャーの心理メカニズムです。しかし、このやり方で、マネジャー、部下ともに得るものは何もありません。他の部下の前で叱られた部下は、はずかしめを受けることになり、プライドも傷つきます。マネジャーの注意を素直に受け入れようという心境には全くならないでしょう。

叱っているあなたの姿を見た部下は、あなたについてこない

マネジャー心理としては、他の部下にも同じような失敗をさせないよう、情報共有しておく、という目的も少しはあるかもしれませんが、それを見ている周りの部下の受け取り方は全く違います。「あんな言われ方は絶対したくないな、明日は我が身だな…」と委縮するだけでなく、マネジャーから心が離れてしまうかもしれません。マネジャー、当事者である部下、周りの部下ともに、マイナスの影響しかありません。

マネジャーは常に冷静でいることが求められます。部下を叱らないといけない場面

は特にそうです。部下にとって最も適した場所、タイミング、言い方を常に冷静に判断できるよう、常日頃からトレーニングしておくことが大切です。そして、自分の中に沸き起こる怒りのメカニズムを理解し、怒りをコントロールできるマネジャーを目指してください。

「合格か不合格か」の二択で考えるクセをやめよう、「合格ライン」で怒りは収まる

自分のモノサシで部下をはかる人は、真のマネジャーにあらず

「竹野君がマネジャーとして着任するチームに、竹野君はいないよ」

これは、私が初めてマネジャーに昇進して札幌に赴任する時、当時の上司が私にかけてくれた言葉です。私はその言葉を聞いて、「そうか、着任するチームには、私よりレベルが低いメンバーしかいないということか。マネジャーって大変そうだな…」くらいにしか思っていませんでした。そして、私がその言葉の本当の意味に気が付くのは、ずっと後になってからのことです。

私が優秀であったかどうかは別にして、一般的に、プレーヤー時代に優秀だった人

ほど、マネジャーになる際に意識を変革するのが難しいと言われています。マネジャーに任命されるような優秀なプレーヤーは、何でも自分でこなすことができるため、マネジャーになると、自分と部下とのレベルのギャップから疑問やジレンマを感じます。自分がプレーヤーであった頃には「当たり前のようにできていた仕事」ができない部下がいる、そのことが新人マネジャーのストレスの原因になります。これは、新人マネジャーの前に最初に立ちはだかる壁と言ってもいいでしょう。

しかし、「自分が当たり前のようにできていた仕事」というのは、〝自分基準〟でしかありません。部下にとっては簡単にできる仕事ではなく、かなり難易度の高い仕事であることの方が多いのです。**優秀なプレーヤーが、真のマネジャーに変われるか否かの分岐点、それは〝自分基準〟を取っ払えるかどうかです。**マネジャーの〝自分基準〟は、パワーハラスメントの温床となり、部下の離職率にも大きく関わってきます。

部下に対してパワーハラスメントをしてしまうマネジャーには、いくつかの特徴があります。まず、**部下に対する許容度が低いことが挙げられます。**特にプレーヤー時代に優秀であったマネジャーは、自分にも厳しいですが、人にも厳しくなりがちです。

例1

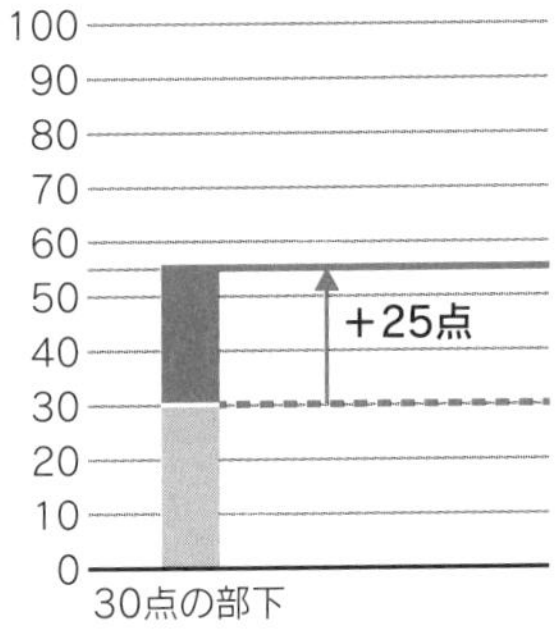

30点の部下に55点を取らせようとする
↓
いきなりほぼ2倍の点数は取れない
↓
「行き過ぎた指導」と感じる
↓
離職する

先にも述べたとおり「〇〇すべき」という思いが強いため、自分の仕事への価値観や、求めるレベルから少しでもズレがあると、なかなかそれを許すことができません。自分が求めるレベルを部下にも求めるので、そのギャップが蓄積していくと、部下は「指導」とは感じずに、「パワハラ」と受け取るようになります。

能力は人それぞれ ―部下ごとの「及第点」を意識する

次に、**部下の仕事の結果を「100点か0点か」で考える傾向がある、ということです。**仕事の結果に100点か0点しかない、などということはあり得ないのですが、自分基準の価値観を捨てきれ

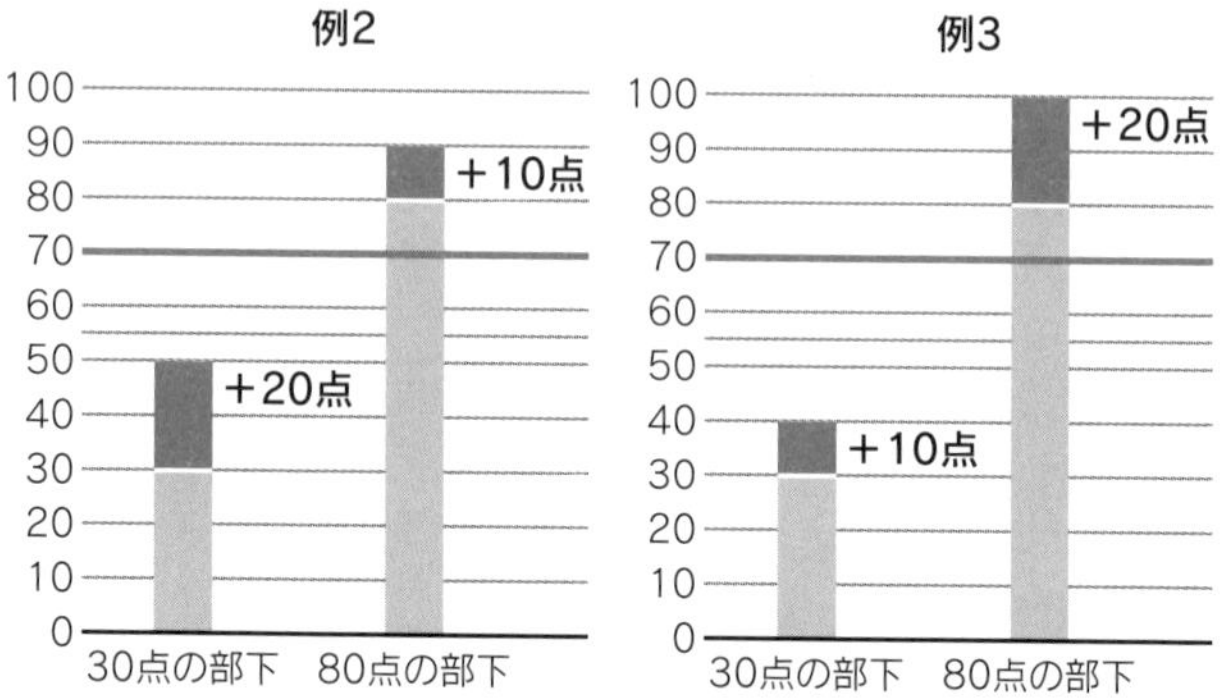

マネジャーの役割はチームの総合力を上げること
↓
例2・例3は、いずれもチームの総合力が30点上がっている

ずにいると、自分基準を満たせば１００点、満たしていなければ０点という判断になってしまうのです。**合格と不合格の間には「及第点」というものがあります。この及第点の存在を意識していれば、常に部下に１００点を取らせようと一生懸命指導することもなくなります。**

考えてみれば、相手が望むことを常に１００％できる人などいません。相手によって、望むレベルも範囲も違います。そう考えれば、マネジャーが望むことを、部下が１００％やってくれないのは、当たり前のことなのです。

そして、**これがマネジャーにとって最も難しいことなのですが、「部下によっ**

て及第点を変えられない」という傾向です。学校のテストであれば、公平を保つために「及第点は○○点以上」とはっきりと決まっていますが、マネジャーのチームマネジメントはそう単純ではありません。平均点が55点のチームがあったとしましょう。そこには、実力が80点の部下と30点の部下がいます。マネジャーの役割は、80点の部下に１００点を取らせることでも、30点の部下を平均点に引き上げることでもありません。チームの総合力を引き上げることが、マネジャーの役割なのです。80点の部下に90点を取らせ、30点の部下に50点を取らせれば、チームの総合力は30点上がります。逆に80点の部下に１００点を取らせ、30点の部下に40点を取らせても、チームの総合力は同じく30点上がります。

マネジャーの仕事はチームの総合力を上げること

ところが、マネジャーは、平均点以下の部下がどうしても気になります。無意識に80点の部下と比べてしまいます。せめて平均点の55点を取らせようと熱心に指導します。しかし、30点の部下からすれば、平均点の55点はほぼ倍の点数です。今まで30点しか取れなかった部下が、いきなり55点など取れるはずもありません。そのことを理解しないで指導を続けると、部下に「行き過ぎた指導」や「パワハラ」として受け取られてしまいます。30点の部下が離職する典型的なパターンです。

ひとり一人の生徒を、少しでも偏差値の高い学校に合格させることを目的とする学習塾と違い、**組織のマネジャーは、「チームの総合力」を上げることが使命なのです。平均点にこだわるのではなく、部下の実力に合わせ「どこまで伸ばすのが適当か」を常に意識する必要があります。**例えば、30点の部下に対して「なぜこんなことができないんだろう？」と不思議に感じることがあれば、是非その行動をとった「理由」を聞いてみてください。あなたが何も意識せずにできている部分で、つまずいているのかもしれません。私も「え？　そこ⁉」と思うことがよくありました。数学にたとえると、一次方程式が分かっていない生徒に、二次方程式を解かせようとしているような状態です。

職場の日常会話で、30点の部下に対して「どこが分かっていないんだ？」とはなかなか聞けませんし、そもそも本人もよく分かっていません。**1on1ミーティングにおいて、マネジャーが部下の仕事の行動原理まで掘り下げ、「どこでつまずいているのか」を見極めてください。**35点でも40点でも構いません。その部下の及第点を設定し、クリアできたら承認してあげてください。合格か不合格かではなく、部下それぞれに及第点を設定することで、不幸な離職は必ず避けることができます。

「何度同じことを言わせるんだ！」より「もう俺の期待を裏切るなよ」の方が部下には響く

部下が失敗した時は、「なぜ失敗したのか」を部下自身に考えさせ、その答えをしっかりと聴く

「あれほど報告しろと言っただろ！　君の報告が遅れたことで全体の業務に支障が出てしまうんだぞ！　何度同じことを言わせるんだ！」

部下から「報告が上がってこない」「報告が遅い」は、マネジャーの大きなストレスの要因の一つです。マネジャーには、部下からの報告をまとめて上司に報告したり、分析したり、対策を考えるなど次の業務が待っているので、一人の部下からの報告が遅れると、自分の業務に支障が生じてしまいます。「何度同じことを言わせるんだ！」と、つい叱責してしまう気持ちはよく分かります。しかし、これではマネジャーの怒

りを部下にぶつけているだけなので、部下も「申し訳ありません」としか言いようがなく、全く人材育成につながりません。

また「なんで報告しなかったんだ？」という訊き方も、人材育成にはあまり効果がありません。よほどの事情がない限り、「忘れていました」「期日管理ができていませんでした」といった回答しか期待できず、部下に内省を促すことはできないからです。

部下が失敗した時の指導方法には「原因」を追究する方法と、「目的」を追求する方法があります。「なぜ失敗した？」「なぜできなかった？」は原因を追究する訊き方で、目線は過去に向いています。「ここがダメ」「ここが間違っている」と指摘し、原因を解明したとしても、それだけで終わってしまうと何の意味もありません。部下の次の行動に生かされないからです。

一方、「目的」を追求する訊き方は、「どうすれば良かった？」です。これは、**失敗の原因だけでなく今後の対策についても部下に考えさせる訊き方です。**部下が自分で考えて出してきた原因と対策に、マネジャーはしっかりと耳を傾けます。

ここで大事なことがあります。部下が出してくる答えが、マネジャーの満足するものとは限りません。部下の話を聞きながら、本当は最初から1～5までの五段階評価でいうところの5まで求めたいところを、はじめのうちは2か3で我慢する必要があります。というのも、**部下は、だいたい5～6分遅れで、マネジャーが期待するレベルのものを出してくるからです。この5～6分を待てるかどうかが、その後の部下の成長を左右します。**

部下が「自分でできるようになる」のを支援するのが、マネジャーの務め

人間は本来、「できない」を「できる」に変えることがこの上なく好きな生き物です。子供が自転車に乗れるようになったり、逆上がりができるようになった時、全身で喜びを表現するように、部下も、失敗した経験から仕事ができるようになれば嬉しいのです。

また、**人間は自分が思いついたことに対しては、誰かに指示されたこと以上に一生懸命になれます。**それをサポートするのがマネジャーの役割です。その上で部下に期

待していることを伝えてください。**「もし君が本気を出せば～」は、部下に期待を伝えるパワーワードです。**どんな場面でも使え、応用性が高いのでオススメです。

それでも、マネジャーの期待どおりに部下が動かないことはよくあります。そんな場合でも、部下を叱り飛ばしたい気持ちをグッとこらえ、「私は非常に残念だった」と気持ちを伝えてください。マネジャーの「残念」というワードは、部下にはかなりこたえます。

「私の期待を裏切らないでね」といった表現も部下には効きます。部下に期待していることを伝えながら「このままだと私を失望させますよ」という強いメッセージが込められているからです。さらに強い表現は「あなたやるって言ったよね？」です。仕事の進め方には裁量を持たせながらも絶対に妥協は許さない。時には厳しい態度をとることも必要です。

マネジャーは、立場上、どうしても部下の失敗が気になってしまうと思います。しかし、失敗をした部下に怒りをぶつけても仕方がありません。失敗から学ぶことは多いということを忘れずに、「怒り」をしっかりとコントロールして、部下自身に考えさせる人材育成スタイルを身に付けてください。

部下も家に帰れば「両親が大切に育てた宝物」

「自分の子供にはこんな上司の下で働いてもらいたい」と思ってもらえるようなマネジャーになる

私は、自分の会社の新米マネジャーから「マネジャーとして何に一番気を付ければよいか教えてください」とよく聞かれることがあります。そのような時、私はこんな質問を彼らに投げかけます。「あなたのお子さんが学校を卒業して就職したら、どんな上司の下で働いてもらいたいと思う?」

すると、彼らからは「子供の話をよく聞いてくれるマネジャーであって欲しいです」とか「偉そうにせず、子供の仕事を支援してくれるようなマネジャーがいいです」といった答えが返ってきます。その度に私はこう答えています。「じゃ、あなたも、そんなマネジャーを目指したらいいと思うよ」。

私には長女、長男、次女の3人の子供がいます。長女がまだ大学生なので、彼らが就職して社会に出ていくのはもう少し先の話ですが、会社に就職したらどんなマネジャーの下で仕事をするのか、親としてはすごく気になります。

部下に対しても、自分の子供と同じように考えれば、自ずと損得勘定だけの世界とは異なる考えが持てるようになります。仕事ができる部下も、仕事ができない部下も、家に帰ればかわいい息子や娘に戻るわけです。子供を持つ部下であれば、家に帰れば尊敬されるお父さんであり、優しいお母さんなのです。

ところが、**仕事というスイッチが、職場における人の価値観をいつの間にか変えてしまうのです。**仮に仕事ができない部下であっても、その人の人格は別物です。その部下には家族がいて、家に帰れば職場とは違う表情をしているはずです。趣味に没頭している時の部下は、職場とは違ったキラキラした表情を浮かべているかもしれません。**「働く」という要素は、人生における構成要素の所詮一部にすぎない、ということをマネジャーは常に心得ておくべきなのです。仕事という一面だけで、部下のすべてを判断してはいけないのです。**

部下は「社員」である前に「ひとりの人間」であることを忘れてはならない

１ｏｎ１ミーティングの場で、私は自分の家族のことをよく部下に話します。部下も肩の力が抜けて、リラックスして１ｏｎ１ミーティングに臨んでくれるからです。また、私の家族にも部下のことをよく話すので、私の家族は部下の名前を全員覚えてしまいました。家に帰れば「Ｔさん頑張ってるの？」とか「Ｓさんもうすぐ転勤じゃないの？」などと、食卓で部下のことが話題になることも珍しくありません。ある時、長女がファンクラブに入っているロックバンドを、部下も熱狂的に支持していることが分かり、家庭と職場で大いに盛り上がりました。

みなさんも是非、１ｏｎ１ミーティングの場で、家族のことを話題に出してみてください。部下があなたの家族のことを知れば、部下は、マネジャーとしてだけではなく、ひとりの人間としてあなたのことを認識してくれるようになります。マネジャーも人の子なんだな、と。そしてマネジャーであるあなたも、**部下を部下としてだけでなく、「両親が育てた大切な宝物」として、また「頼りになるお父さん、お母さん」として見る感覚を忘れないようにしてください。**

職場は「社員」として人が集まり、仕事をするところです。しかし**そこに集まる人たちは、「社員」である前に「ひとりの人間」です。**チーム全体が「人間」として居続けられるような、健全な職場づくりを目指して欲しいと思います。

第 5 章

1on1ミーティングに
人事評価を導入し、
部下の最高の
パフォーマンスを引き出す

誰が見ても公平な評価？そんなものはありません

マネジャーの頭を悩ませる部下の「人事評価」

「部下の人事評価は甘くなりがちです、厳しめにつけるように」。これはかつて、私を含む各チームのマネジャーが、人事評価会議に臨むに際し、部長から言われたことです。私はこの指示にかなりの違和感を覚えたので、つい部長に自分の意見を言ってしまいました。「私は厳しくも甘くも評価しません、あくまで自分の中での〝絶対評価〟に基づいて評価させていただきます。その上で、部全体での〝相対評価〟は部長にお任せします」。

当時、私が所属する部には3つのチームがあり、私はその中のマネジャーの一人でした。各チームのマネジャー3人が、自分のチームの部下の人事評価を行い、それを持ち寄って、部全体の人事評価会議で相対評価を行っていました。マネジャーによって甘い・厳しいの基準は異なります。マネジャーが評価する段階で、厳しめのフィルターをかけてしまうと、所属するチームによって不公平が生じてしまうと考えたため、上記のような意見を伝えたわけです。

私の会社では、部下を役職ごとに分け、同じ役職の中で相対評価を行います。前年の人事評価会議では、一部の役職層において、良い評価が続出して〝上振れ〟したために、調整をするのにかなり難航したことがありました。部長の指示は、その時の苦い経験から出たものでした。

人事評価に関しては、基準を設けている会社が大半です。２０２２年の中小企業白書によると、従業員１０１名以上の企業では、９割近くの企業が人事評価制度を導入していると回答しています。どのような人事評価基準を設けているかは会社によって異なります。一般的なものとしては、目標の達成度などに対する「業績評価」、能力や行動などに対する「行動評価」がありますが、それらを別々に評価する方法や、ミックスして総合的に評価する方法などもあります。

1on1での「部下との対話」が、人事評価のカギ

業績評価は、一定の数値に基づいて、いわゆる「定量評価」をするため、マネジャーによって〝ブレる〟ことは少ないのですが、行動評価はマネジャーの判断が必要になる「定性評価」のため、評価がより難しくなります。そして、ほとんどの部下は、人事評価は〝誰が見ても公平〟に行われるべきだと考えています。もちろん、公平な評価ができるに越したことはないのですが、マネジャーが部下の仕事ぶりをすべて把握することなどできません。また、同じ役職でも、担当先や受け持つ担当業務によって難易度は異なります。仮に人事評価にＡＩを導入したとしても、どんな点をどのように評価するかといった、設定に対する不満はなくならないでしょう。

こうして考えると、そもそも**〝誰が見ても公平〟な人事評価など不可能なのです。ここに、部下の人事評価に対する考え方の〝誤解〟があり、不満が溜まる原因があるのです。**人事評価は、部下の処遇に直接関わりますし、何より部下の働きがいに大きく影響を与えます。人事評価におけるマネジャーと部下の〝すれ違い〟は、部下の離職につながりかねません。

部下の育成において、人事評価はマネジャーの一番の腕の見せどころといっても過

言ではありません。しかし、**〝誰が見ても公平〟な人事評価が不可能なのであれば、マネジャーはどうすれば良いのでしょうか。答えは「部下との対話」です。１ｏｎ１ミーティングのテーマにも人事評価を導入し、マネジャーと部下が人事評価についてしっかりと向き合うのです。**

本章では、人事評価におけるマネジャーのスタンス、部下に対しての人事評価の伝え方を分かりやすくお伝えします。

人事評価の目的は、部下の成果を賃金に反映させることだけではありません。部下の能力を引き出すことも重要な目的です。１ｏｎ１ミーティングに人事評価を取り入れ、是非、部下の最高のパフォーマンスを引き出してください。

1on1の人事評価面談を通して、部下との信頼関係を築く

納得できない評価を受けた部下の気持ち

自分が会社からどう評価されているのかは、部下の最大の関心事の一つです。みなさんも、過去に色んな上司から人事評価を受けたと思います。それを思い出してみてください。私にも記憶に残っているものが多々あります。悪い評価を受けた時でも「今回は仕方ないな」と思える時もありましたし、良い評価の時でも「もっと良いと思っていた、腑に落ちないな」と思ったこともあります。しかし、鮮明に残っているのは、決まって〝納得のいかない評価〟の記憶です。

これは私がちょうど30歳の時で、まだ主任だった頃のことです。私の会社は、昨年の人事評価が6月の賞与に反映される仕組みで、人事評価に応じた賞与の金額が、6月の給与明細に表示されます。見るのを楽しみにしていた給与明細を開いた私は、賞

与の額が想像していた金額より随分少ないことに驚きました。慌てて給与規定を調べたところ、昨年の人事評価より2ランクも下がっていたのです。それと同時に、人事評価のフィードバックも受けていないことに気が付きました。

頭に血が上った私は、当時のマネジャーを別室に呼び、昨年の自分の業績資料を机の上に広げて、人事評価の根拠を問いただしました。私は前年の7月に異動してきたばかりだったので、実質の評価対象期間は9ヵ月間しかありません。低い評価の理由が腑に落ちなかったり、あるいは言い訳じみた説明をするなら反論してやろうと思っていました。

ところが、マネジャーからは意外にも「同じ主任のT君が人事異動の年だったので、調整してしまった、申し訳ない」と正直に謝られてしまったのです。それを聞いた私は、なんだか肩透かしを食らった気持ちになり、一気にトーンダウンし、「分かりました」と引き下がりました。私の会社は、組織内の同じ役職で相対評価をする仕組みなので、全員に良い評価をつけることはできません。在籍期間が長かったT君に対し、マネジャーが配慮したものだったのです。私のケースは極端な例ですが、このように、部下へのフィードバックがなかったり、部下との対話が不足していると、部下に不信感を抱かせかねません。

欠かさずフィードバックを行い、部下の人事評価に対して真剣な姿勢を示す

２０２１年のパーソル総合研究所の調査結果によると、人事評価のフィードバックを実施している企業の割合は約６割で、その大半が半年〜１年に１回程度の実施頻度となっています。人事評価制度を導入しても部下のパフォーマンスが向上しない理由は、ここにあります。定期的に行う１ｏｎ１ミーティングの際に、人事評価のフィードバックを行うことで、人事評価に対する部下の理解は深まります。では、１ｏｎ１ミーティングに人事評価面談を導入するにあたって、どういった点に注意すれば良いのでしょうか。

まずは、人事評価の仕組みに対する部下の理解度を向上させることが大切です。どういった項目が評価項目になっているのか、評価対象が同じグループには誰がいるのか、部下の現在のランクは何か、などです。前任のマネジャーから説明を聞いているかもしれませんが、部下がどこまで理解しているのかは分かりません。現在のマネジ

ャーであるあなた自身から、しっかり説明することが大切です。

部下にとって、人事評価は極めてデリケートな内容です。最終評価のフィードバックの時以外は、マネジャーの話は抽象的なものになりがちです。しかし、１ｏｎ１ミーティングにおいて大事なことは、〝極力具体的に〟話すことです。私は、自分の部下がどの評価対象グループに所属しているのかを説明する際には、「Aさんは主任だから、評価対象グループは○○さんと○○さんだね、負けないように頑張ろう」などと伝えます。「最近の若い世代は競争することをあまり好まない」とも言われますが、人事評価において抽象的な話は禁物です。もちろん、１ｏｎ１ミーティングで毎回ライバルの名前を出して、あおる必要はありませんが、誰がライバルなのか、名前を出して最初にはっきりさせておくことは大事です。

また、処遇面でも具体的に伝えます。「Aさんは今年頑張れば、来年の給与は○○円に上がる可能性があるね、頑張ろう！」といった具合に、明確な給与規定があるのであれば、具体的な金額を伝えるようにしてください。

私がなぜここまで具体的な内容に踏み込むかというと、それは「私はあなたのライバルや、あなたの給与に対して興味を持っていますよ」というメッセージを伝えるためです。**ライバルや給与のことを、マネジャーが自分事として関心を持ってくれていると分かれば、嬉しいと感じない部下はいません。**

人事評価面談は部下にとってデリケートな内容なだけに、マネジャーは是非〝自分事〟として部下と接してください。そうすれば、評価が良い時も、思わしくない時も、部下の人事評価に対するあなたの真剣な姿勢は、必ず部下に伝わります。１ｏｎ１ミーティングに人事評価面談を導入し、是非、部下との信頼関係を深めてください。

「ノルマ評価」に時間をかけない、マネジャーの腕の見せどころは「行動評価」

明確な基準がない「行動評価」において、1on1ミーティングは真価を発揮する

人事評価の一般的な基準として、目標の達成度に対する「業績評価」、いわゆる〝ノルマ評価〟と、能力や行動などに対する「行動評価」があることは、先の項でお話ししたとおりです。業績評価は、その会社によって定められている評価基準に照らし合わせ、売上や利益などの客観的項目に基づいて評価します。

業績評価に関して、私は部下との対話に時間をかけるということはあまりしませんでした。できていたら〇、できていなければ×。ある意味〝ドライ〟に評価していました。もちろん、市場環境や個別要因など、個人の責任に帰すべきではないような考慮すべき要素があることは理解しています。しかし、個別事情を考慮していては部下同士の間で不公平感が生じかねません。それに、アンラッキーなこともあれば、ラッキーなこともあるわけです。**アンラッキーによる芳しくない結果も、ラッキーによる良い結果も、結果は結果としてドライに評価する。業績に対する責任は部下にも負わせる。そういった〝ブレない姿勢〟を部下に示すことで、業績に対して妥協を許さない雰囲気をチーム内に作り出すことができます。**

一方、行動評価は業績評価ほど単純ではありません。なぜなら、マネジャーには部下の行動がすべて見えているわけではないからです。特に最近はコロナ感染症拡大などの影響により、リモートワークや在宅勤務が広がってきました。マネジャーにとっては、部下の日頃の行動がますます見えづらくなってきたと言えます。そんな環境においても、部下の行動評価をしっかり行うにはどうすれば良いのでしょうか？

行動評価については、明確な客観的基準があるわけではないので、業績評価のように一定の〝モノサシ〟で測ることはできません。誤解を恐れずに言うなら、ある程度マネジャーのイメージで決まる部分が大きい、部下にとっては〝モヤっとした〟評価です。マネジャーのイメージで評価を決めること自体が悪いとは言いませんが、マネジャーの部下に対するイメージは、部下との接触の頻度や受け持つ業務内容にどうしても影響されます。**偏りをなくし、できるだけ部下の行動をフラットな目で見て評価する最も効率的な方法、それが、１ｏｎ１ミーティングにおける部下との対話です。**

１ｏｎ１ミーティングでは、マネジャーが、すべての部下と同じ頻度で対話を行うので、日頃の自分の行動をマネジャーに聞いてもらう機会が平等に確保されます。そのため、行動評価に対する部下の公平感が高まります。**マネジャーにとっても、実際の部下の行動と、それに対する自分の評価イメージとの間にズレがないかを、確認することができるというメリットがあります。**したがって、少なくとも四半期に１回程度は、人事評価をテーマとした１ｏｎ１ミーティングの場を設けると良いでしょう。

行動評価、つまり行動プロセスが良ければ自ずと業績はついて来る、業績が悪いということは行動プロセスに問題があると私は考えています。１ｏｎ１ミーティングに定期的な行動評価の振り返りの場を取り入れることで、部下の行動プロセスは確実に改善します。部下の行動プロセスが改善する、チームの業績が向上する、人事評価に対する部下の納得感が高まる。このように、１ｏｎ１ミーティングを人事評価の機会として活用すれば、一石三鳥の効果を発揮するのです。

1on1ミーティングで「今、自分がどこにいるのか」を部下に正確に認識させる

ただ、人事評価をテーマに１ｏｎ１ミーティングを行う際には、注意しなければならないことがあります。**それは、部下が自分の〝現在地〟を認識できる場にしなければならないということです。**カーナビにたとえるなら、目的地（年度末の最終到達目標）に対して、自分の現在地（現時点でのマネジャーの評価）がどこなのかを部下が認識できるようにすることが大事です。特に、マネジャーの評価よりも部下の自己評価が高い場合には、マネジャーはその〝現在地のズレ〟をはっきりと部下に伝える必要があります。

このように、１ｏｎ１ミーティングの場で定期的に行動評価の振り返りを行うことで、マネジャーと部下の評価認識のズレをなくすことができ、部下の納得感は確実に高まります。

行動評価においては、年度初めにおける〝目的地〟の設定が極めて大事になります。

カーナビも目的地の設定を間違えたら意味がありません。次の項では目的地の設定の仕方について詳しくお話したいと思います。

大事なのは「高い評価」でも「適正な評価」でもなく、「納得する評価」

バランス感覚を欠いた「高い評価」・部下が不満を感じるような「適正な評価」ではダメ

職場には様々な内容の業務がありますが、部下の人事評価だけはマネジャーの〝専権事項〟です。マネジャーが部下に対して、圧倒的な権力と発言力を有する最大の理由でもあります。それゆえ、マネジャーは部下の人事評価に対しては真剣に向き合わなければいけません。

人事評価は〝1年の働きに対してマネジャーが部下に報いる〟という側面も持っていますので、すべての部下に少しでも良い評価をつけてあげたいと思うのが、マネジャーとしての人情でしょう。マネジャーが集まる人事評価会議で全体調整されることを見越して、高めの評価をつけてあげたいという気持ちも分かります。ですので、人事評価会議はどうしても「寛大化する傾向」があります。

しかし、部下を実力以上に評価するというのは、マネジャーとしては問題です。人事部から「バランス感覚に欠けるマネジャー」とみなされるリスクがあります。やみくもに「高い評価」をつけることが良いわけではないのです。部下の実力、働き、成果をしっかりと見極め、冷静な判断に基づいて評価するスキルがマネジャーには求められます。

では、部下を「適正に評価」するにはどうすれば良いのでしょうか？　約８００社を対象に２０２１年に実施したパーソル総合研究所の調査によると、マネジャーに対して評価者研修を実施している企業の割合は約33％にとどまります。人事評価制度に不満を感じていない部下が約20％しかいないのに対し、何らかの不満を感じている部下は約38％にも上ります。これは、部下たちがマネジャーから「適正に評価されていない」と感じていることの表れです。部下を適正に評価することほど難しいことはありません。なぜなら、私を含め世の中のマネジャーと呼ばれる人の大半は「人事評価のプロ」ではないからです。

私もマネジャーになりたての頃は、部下を適正に評価しようと一生懸命に自分の会社の人事マニュアルを読み込みました。評価スキルの向上を目指して、様々な人材育成関連書籍も読み込みました。しかし、「部下を適正に評価する方法」を見つけることはできませんでした。

私は損害保険会社の営業部門に所属しており、営業スタイルは代理店を通した間接営業です。営業担当者は、担当する代理店の種類によってその成績を大きく左右されます。担当する代理店の規模によっても、その難易度は異なります。また、営業担当者と内務担当者では、評価するモノサシも変わってきます。どんなに突き詰めても、「適正に評価する方法」を見出すことはできませんでした。

「客観的な正確さ」よりも「主観的な納得感」を重視する

その結果、私がたどり着いた答えは「部下との対話」でした。そして、**高い評価でもなく、適正な評価でもなく、「部下が納得する評価」が大切であることに気が付きました。**通常、人事評価では、部下の１年の働きに対して評価をつけますが、１年の

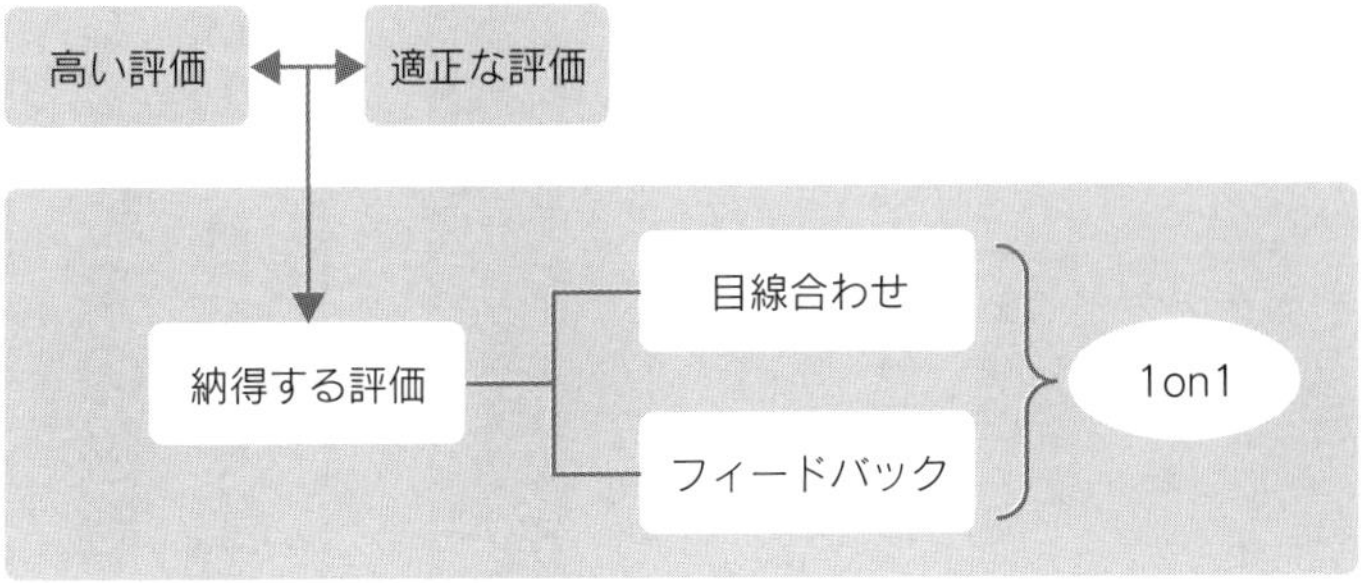

間には様々な出来事が起こります。しかも、部下の働きや成果に対して、マネジャーと部下が全く同じ見方や考え方をしているとは限りません。そのため、本来、マネジャーが部下を「適正に評価」することは、極めて難易度が高いことなのです。それを、年一回の人事評価のフィードバックで済ませようとするから、部下が不満を抱くようになってしまうのです。だから、１ｏｎ１ミーティングに人事評価面談を取り入れて、部下と対話することが大切なのです。

人事評価をテーマに１ｏｎ１ミーティングをする際の重要なポイントは、「目線合わせ」と「フィードバック」です。

目指すべき将来の役職・ランクを部下と共有、〝チームの一体感〟を出す

マネジャーの「給与に対する無関心」は、部下の不満のもと——お金の話をタブー視しない

みなさんが勤める会社にも給与規定があると思います。ちなみに、私が勤務する会社の給与規定では、役職やランクに応じて給与が明確に決まっており、社員であれば誰でも閲覧することができます。いわゆる〝ガラス張り〟の状態で、その社員の役職と役職内でのランクが分かれば、給与をいくらもらっているのかが１００円単位まで分かるようになっています（ボーナスは人事評価によって異なります）。

１ｏｎ１ミーティングにおいて、意外と触れられることが少ないのが、部下の給与の話題です。特に日本では、「相手の年収がいくらなのか」といった話は、非常にデリケートな話題として敬遠されがちです。相手との関係によっては年収について聞く

こと自体、失礼に当たると考える人もいるでしょう。しかし**マネジャーは、部下の給与の話題を避けてはいけません。マネジャーは部下の人事評価、つまり給与の決定権を持っているわけですから。**

私がマネジャーに昇進させてもらった当時の私の上司は、人事評価に対して非常に熱心な方でした。私の給与ランクや、月例給与がいくらなのか。あといくつランクが上がると昇進できる可能性があるのか、といったことを、当人である私以上に完璧に理解している方でした。「タケちゃん、今年1年頑張ったら来年は月例給与が○○円に上がるよ」といった感じで、面談ではよく声をかけてもらっていました。

その方は、人事評価会議の時期が近づいてくると、時間をかけて部下の人事評価資料を作成し、「よっしゃ、これで隣の課のマネジャーを論破できそうだ。気合い入れて行ってくるわ！」と言って、会議に臨んでいました。その勇ましい姿は、今でも印象に残っています。部下の人事評価のために、そこまで熱心になってくれる上司に対し、私はすごく嬉しく感じたことを覚えています。そんな上司から受ける評価は、良くも悪くも納得感がありました。

上司に対して部下が不満を抱く原因の一つが、人事評価や給与に対する無関心です。先にも書いたとおり、私は１ｏｎ１ミーティングにおいて、定期的に部下の人事評価や給与をテーマに取り上げます。「○○さんの月例給与は○○円だよね。今年の評価がよければ、来年は○○円に上がるね」といったように、具体的に話すようにしています。もちろん、給与の話を毎回する必要はありませんし、金額を頭に入れておく必要もありません。折に触れて話題にすれば良いのです。それだけで「あなたのことに興味を持っていますよ」というメッセージを伝えられるからです。お金の話題をタブー視せず、勇気をもって部下と対話してみてください。

「目指す場所はどこなのか」を言語化して部下に伝える

そして、もう一つ大切なことがあります。それは、**部下が将来目指している役職・ランクを、マネジャーと部下の間で共有しておく、ということです。**そのためには、部下が目指す役職に求められる「役職定義」を明確にしておくことが必要です。例えば、課長代理職への昇進を目指している部下がいるのであれば、課長代理職の役職定義をはっきりさせることが大事です。

私の会社では役職ごとに定義が定められていますが、**もしあなたの会社に定義のない役職があるのであれば、あなたがその役職の定義を言語化しなければなりません。**「課長の役職を代理するためには、こういった考え方や行動、部下育成ができるようになることが必要ですね」といったように、具体的な課長代理職のイメージを部下に持たせることがポイントです。

恩に着せるようなことはせず、真摯な姿勢で人事評価に臨む

人事評価と人事異動。これらだけは、部下が自分ではどうすることもできない、マネジャーであるあなたの〝専権事項〟です。だからマネジャーは真剣に向き合わなければならないのです。そうやってめでたく昇進させてもらった部下は、あなたに対する恩を一生忘れないでしょう。事実、私はマネジャーに昇進させてもらった当時の上司に対する恩を、ずっと忘れていません。

『かけた情は水に流せ、受けた恩は石に刻め』。これは、信州上田の前山寺《ぜんさんじ》というお寺の石碑に刻まれている言葉です。「自分が相手に施したことはすぐに忘れ、自分が

人から受けた恩はより多くの人に施しましょう」という意味の言葉です。私は当時の上司の恩を忘れず、自分の人材育成スタイルという石（意志）に刻んだつもりです。

世の中では、「あいつは俺が偉くしてやった」などと、この言葉とは逆のことを言っている人も少なくありません。あなたは是非、部下に対して愛情を注ぐことで、お世話になった過去の恩師たちに恩返しをしてください。

絶対に部下から文句が出ない評価のやり方は、「目線合わせ」と「フィードバック」

納得のいかない人事評価は、マネジャーの信頼を損なわせる

「課長、なんで私の評価がこんなに低いんですか？　納得いきません！」

あなたはこんなことを言われて部下から詰め寄られた経験はありませんか？　私にはあります。部下からも、部下としてマネジャーに詰め寄ったこともあります。人事評価は部下にとって最大の関心事の一つです。では、なぜそのようなミスマッチが生じてしまうのでしょうか？

私に詰め寄った部下K君は、比較的良い成績を残していました。しかし、会社が力を入れていたプロジェクトへの取り組み方に問題がありました。企画書の作成などで催促したことは二度や三度ではありません。成績は良好でも、私の中では、K君の行動力は、K君クラスの役職に求められるものとして十分とはいえなかったのです。

そう判断した私は、良い評価ではなく普通の評価をつけました。自分の成績に自信を持っていたK君は、評価のフィードバックを受けるや否や、烈火のごとく怒りだしました。私から評価の根拠を聞いたK君はある程度納得した様子でしたが、もう後の祭りです。マネジャーと部下の信頼関係にひびが入る出来事となりました。

失敗談から学ぶ2つの教訓
——「期待値の伝達」と「期中でのフィードバック」の重要性

このエピソードには2つの教訓があります。1つは「マネジャーの期待値を部下にはっきり伝えていなかった」ことです。みなさんの会社にも様々な役職があると思います。そして役職によって期待される役割・行動は異なります。そのことを、マネジャーが、それぞれの部下にはっきり伝えておくことが大切です。

そして、**もう1つは「期中でのフィードバックを実施していなかった」ことです。**

人事評価は、通常、1年間の活動・成績に対して行われるものですが、1年は非常に長い期間です。部下は自分がイケているのか、イケていないのか、だいたいの感覚は認識できても、マネジャーが評価する自分の〝現在地〟をはっきりと認識することは困難です。**そこで重要になってくるのが、部下の自己評価とマネジャーの評価の目線合わせです。**

次の項では、この2つの教訓をもとに私が考えた「部下に納得してもらえる」人事評価の手法について、詳しく説明していきたいと思います。

「あなたの期待値」をはっきり示し、期中で目線を合わせる、これで人事評価の不満はなくなる

「普遍的な基準」を用いている限り、人事評価に対する部下の不平不満は消えない

人事評価に対して部下が抱く不満の多くは、「評価基準が分かりにくい」「評価結果に納得がいかない」といったものです。先の項でお話しした私の失敗談は「評価結果に納得がいかない」のパターンでした。**部下が人事評価の結果に納得できないのは、「部下自身による評価と、マネジャーの評価との間にギャップがある」からです。**このギャップをなくさない限り、人事評価に対する部下の不平・不満が消えることはありません。

私もマネジャーになりたての頃は、人事評価のフィードバックに、非常にストレスを感じていました。評価が高い部下にフィードバックする時は気が楽なのですが、評価が低い部下に対してフィードバックする時は、本人にどう伝えたらいいのか頭を悩

ませていました。時には部下ができていなかった理由を探し、いわゆる〝あらさがし〟をしていたこともあります。部下から反論されることを見越して〝予防線〟を張ったりもしていました。

人事評価に対して「普遍的な基準」があると考えているマネジャーは多いと思います。例えば、「課長に求められる基準」とか、「主任に求められる基準」といった類のものです。会社によっては役職ごとに明確な基準を設けている会社もあるかもしれません。しかし、たとえ基準が設けられていたとしても、その基準に当てはめればうまく評価できるといった単純なものではありません。

「自分の期待値」を基準とし、それを明示する

私は人事評価に対する考え方を変えてからは、随分と楽になりました。どのように変えたかというと、**「普遍的な基準」ではなく「自分基準」で考えるようにしたのです。言い換えると、「部下に対して自分の期待値を示す」ようにしたのです。**以下では、どのようにして期待値を示すかについて分かりやすく説明します。

マネジャーが期待する行動と成果

	期待する行動	期待する成果
A課長	・チームの目標達成に向けて、上位者に適切な意見具申を行っている。 ・チームの目標達成に向けて、職場メンバーの意識を高めている。 ・描いたゴールに向けて、実行計画を策定・実行し、メンバーに範を示している。 ・習慣や、前例にとらわれず、新たな課題解決に挑戦している。	・○○商事でのシェア拡大に向けて、納期を意識し、常に実行策を講じている。 ・○○物産での売上拡大を目指し、常に実行策を講じている。 ・新商品販売の定着に向けて、常に実行策を講じている。 ・新たな施策推進、商品拡販、DX推進において常に支店の先頭を走っている。
B課長代理	・チームの目標達成に向けて、上位者に適切な意見具申を行っている。 ・チームの目標達成に向けて、職場メンバーの意識を高めている。 ・習慣や前例にとらわれず、新たな課題解決に挑戦している。 ・人材育成を重要な役割と位置付け、チームメンバーを指導育成している。	・○○産業でのさらなるシェアアップに向けて、常に実行策を講じている。 ・○○地区での販売ルート効率化に向けて、常に実行策を講じている。 ・新たな施策推進、商品拡販、DX推進において常に支店の先頭を走っている。
C主任	・自らの課題を把握し、品質向上に取り組んでいる。 ・あらゆる場面で誠実、親切、公平、公正に接しチームメンバーに範を示している。 ・相手の考えを正確に把握し、自分の考えを分かりやすく伝えている。 ・組織の枠を超えた関係者と相談し、業務の円滑な遂行に役立てている。	・代理店の自立自走に向けて、常に実行策を講じている。 ・内務業務を効率化し、営業サポート業務を拡大している。 ・入金管理業務にて、〆切を発生させない策を講じている。
D担当	・お客様の信頼を獲得できるよう、自らの課題を把握し品質向上に取り組んでいる。 ・チームメンバーに自分から積極的にコミュニケーションをとっている。 ・自らの品格を磨き、チームメンバーの模範となっている。	・自らの営業サポート業務領域を拡大している。 ・○○商事に対し、常に提案活動を行っている。
Eパート	・チームの問題点に気付き、改善に向けて積極的に意見具申している。 ・チーム力向上に向けて自ら積極的にメンバーとコミュニケーションをとっている。	・内務業務を効率化し、営業サポート業務を拡大している。

まず、年初の１ｏｎ１ミーティングで、マネジャーの部下に対する期待値を、ある程度言語化しておく必要があります。ただし、この時点では、あまり具体的なことは言わずに、抽象的な表現を用いてください。具体的な表現を用いると、その項目ができていれば○、できていなければ×、といったように応用が利かなくなるからです。

例えば、課長職であれば、個人の行動はもとより、チームに貢献する役割が期待されます。そこで、「チームの目標達成に向けて、マネジャーに適切な意見具申を行っている」「描いたゴールに向けて計画を策定・実行し、チームのメンバーに範を示している」「チームの目標達成に向けて、チームメンバーの意識を高めている」といった表現を用いて、何を期待しているのかを伝えます。

また、職位が低い若手社員であれば、「前例や慣習にとらわれず、新たな課題に取り組んでいる」「納期に向けて、具体的な手順・段取りを実行できている」といった表現が良いでしょう。これくらい抽象的な表現の方が、後の１ｏｎ１ミーティングでは対話がやりやすくなります。私の失敗談でお話したＫ君の場合、組織として力を入れていたプロジェクトへの取り組み方に問題があったので、この場合は「前例や慣習にとらわれず、新たな課題に取り組んでいる」という観点から見て、私の期待値には達していなかったわけです。

このような形で、マネジャーは、年初の１ｏｎ１ミーティングでひとり一人の部下に「期待値」を伝えます。マネジャーの期待値を、部下がなんとなく感じ取ってくれていれば、年初の段階ではそれでＯＫです。

「期中でのフィードバック」で目線を合わせ、マネジャーと部下の間に生じるズレを解消する

もう一つ重要になってくるのが「期中でのフィードバック」です。期中での部下の具体的な行動を、年初に伝えたマネジャーの期待値に照らし合わせていくのです。

マネジャー

「年初に伝えた私の期待値に対して、今のK君自身の評価はどうかな？」

K君

「取り組んでいるプロジェクトに対して、少しスピード感がないと思

います」

マネジャー「どうしてそう思うの？」

K君「マネジャーから指示された企画書の作成や、先方のアポイントの取付けが遅いと思います」

マネジャー「そうか、そう思っているならこれからスピードアップしないといけないね」

もし、期待値に対する認識についてマネジャーと部下の間に〝ズレ〟があれば、期中のフィードバックでそれを補正します。

マネジャー「年初に伝えた私の期待値に対して、今のK君自身の評価はどうかな？」

K君　「今のところマネジャーの期待には応えられていると思います」

マネジャー　「プロジェクトに対する取組に関してはどうかな？」

K君　「進捗は少し遅いですが、特に問題は起こっていません」

マネジャー　「企画書の作成スピードや、先方のアポイントの取付けは、はっきり言って私の期待レベルには達していないよ。もっとスピードアップして欲しい」

K君　「分かりました。これから努力します」

期中でこのようなフィードバックができていれば、K君も自分の人事評価に不満を抱くことはなかったですし、もっと言うと、私の期待値に達していないことに期中で気付くことができていれば、自分の行動を改め、もっと良い人事評価を獲得することができたかもしれません。

目線合わせシート

	A:上司期待以上 B:上司期待どおり C:上司期待未満			成果評価	行動評価
部下A	成果目標	行動目標	チーム内役割分担	72	75
本人評価	C	B	B		
上司評価	B	A	B	75	81
部下B	成果目標	行動目標	チーム内役割分担	85	80
本人評価	A	B	B		
上司評価	A	B	C	92	77
部下C	成果目標	行動目標	チーム内役割分担	68	72
本人評価	C	B	B		
上司評価	C	C	B	67	65

「目線合わせシート」を活用し、現在地から目的地まで伴走する

目線合わせを行えば、部下は「まだマネジャーの期待には届いていないのか」と自己評価を見直すことができます。マネジャーも「そんな取組もやっていたのか、知らなかった」として部下の評価を見直すことができます。できれば3ヵ月に1回くらいの頻度で、目線合わせをすることをオススメします。そうすることで、部下と〝伴走〟する状態ができあがります。駅伝において、伴走車から監督が選手に声をかけるイメージです。「前に追いついてきた、いいペースだぞ！」「後ろが迫ってきた、ここは踏ん張りどころだ！」といった具合に、部下を励ま

したり鼓舞したりしてください。

前のページの表は、私が使っている人事評価の目線合わせシートです。「成果」「行動」「チーム内役割分担」の項目ごとにマネジャーの期待値に対する自己評価Ａ・Ｂ・Ｃをつけます。あまり細分化すると複雑になり納得感が薄れるので、これくらいのシンプルさがオススメです。右端には実際の人事評価の点数を入れます。これを部下全員から個別に報告させ、マネジャーの評価を入力したシートをもとに１ｏｎ１ミーティングで目線合わせをします。

人事評価の運営は車のカーナビと同じです。目的地（期待値）を定め、現在地（マネジャー評価・部下評価）を確認しながら、時間内に確実に目的地に到達することを目指すのです。この２つの工夫だけで、部下からの人事評価に対する不平不満はなくなり、何より部下がマネジャーの期待に応えようとしてくれるようになります。

組織の大小を問わず、マネジャーはその組織の「社長」と同じだと私は思っています。１ｏｎ１ミーティングでは「私が満足する仕事をして欲しい」と私はよく部下に伝えていました。これは上司の顔色を見て仕事をしろと言っているのではありません。**マネジャーは組織に課されたミッションを背負っているわけで、マネジャーが満足する仕事をすることが、その組織にとって正しいベクトルであるということを伝えているのです。**

マネジャーが年初にしっかりと部下に対する期待値を示す、そして期中では伝えた期待値に対する中間評価をしっかりフィードバックする。１ｏｎ１でこれらを行うことがいかに大事か、お分かりいただけたかと思います。

「目線合わせシート」を上司にも共有し、部下の人事評価会議で他のマネジャーより優位に立つ

「目線合わせシート」を定期的に共有することで、あなたの人事評価に対する信頼は担保される

ここまで、人事評価面談を１ｏｎ１ミーティングにも取り入れ、マネジャーと部下の目線合わせをすることで、部下のパフォーマンスを引き出す方法についてお話してきました。毎月の１ｏｎ１ミーティングに加え、四半期に1回の人事評価面談を、部下全員と1年間やり続けるのは、かなりの時間と労力を要しますが、初心を貫き、１年間１ｏｎ１ミーティングをやり通すことができたあなたには、もう一つだけ是非やっていただきたいことがあります。それは、**あなたの上司にも、その１ｏｎ１ミーティングでの人事評価面談プロセスをしっかり共有する、ということです。**

部下の人事評価が、あなたの1次評価だけで決まるなら良いのですが、多くの場合

はあなたの部下と他のチームメンバーの評価を相対化する、2次評価が待っています。2次評価の決定権は、あなたの上司が握っている場合が多いのではないでしょうか？

マネジャーよりも職位が上となると、評価する部下の人数はかなり多いはずです。部下ひとり一人の働きを自分の目で評価することは難しいので、評価の判断基準となるのは、各マネジャーからの評価資料です。当然、各マネジャーも自分の部下に良い評価をつけてもらおうと一生懸命に評価資料を作成して上司にアピールします。場合によっては、部下の評価が横並びになることもあります。ここで威力を発揮するのが、先の項で紹介した「目線合わせシート」です。

四半期に1回実施する人事評価面談で使った目線合わせシートを、定期的に上司にもメールで送っておくのです。チームの人材育成活動に関する情報を上司にも共有するという建前で、**「私は部下と目線合わせをこれだけしっかりやっているので、いい加減な評価はつけていませんよ」という暗黙のプレッシャーを上司にかけておくのです。**1年間、継続して目線合わせを行ってきたという事実はかなりの重みをもつはずです。したがって、仮にあなたの部下の評価と隣のチームメンバーの評価が競合したとしても、目線合わせシートを見てきたあなたの上司が、あなたの部下の方の評価を下げるには、それなりの根拠が必要です。つまり、他のチームのマネジャーとあなたとでは、部下の評価の根拠に対する重みが違ってくるのです。

部下は、納得する人事評価をしてくれるマネジャーについていく

自分の人事評価だけは、部下にはどうすることもできないマネジャーの専権事項です。だからこそ、**マネジャーは部下の働きに対して、部下が納得する人事評価で報いるのです。**これはマネジャーが部下との信頼関係を築く上で、極めて大切なことです。

ただ、他のチームメンバーがいる以上、自分がつけた評価が必ずしも通るとは限りません。仮にあなたの部下の評価が落とされることになったとしても、目線合わせシートまで上司に共有した結果、落とされたのであれば、部下も納得してくれるはずです。

自分より立場や役職が上の人にも、言うべきことはしっかり言う。反対に、自分より立場が下の者は自分が支える。マネジャーはこうあるべきです。部下はこういうマネジャーについていこうとします。１ｏｎ１ミーティングの目線合わせシートをうま

く活用し、人事評価会議で他のマネジャーより優位に立つことを意識してください。

あえて評価資料を本人にも見せよう、これでマネジャーの信頼度も確実にUPする

評価資料を見せて結論に至る過程を明らかにすれば、部下の納得感はより高まる

マネジャー「これは来週の人事評価会議のAさんの資料です。内容を確認してください」

部下A「自分の取組が思った以上に評価していただけているので嬉しいです」

マネジャー「今年は頑張ったからね。他に追加して欲しい取組はありますか？」

部下A「今年はA社から契約を受注できました。金額は小さかったですけど……」

マネジャー

「そうだったね、大事な取組を忘れるところだったよ、申し訳ない。追加しておきます。では、この評価資料を人事評価会議に提出します。私もAさんが良い評価をもらえるよう精一杯アピールします。しかし会議では他のチームメンバーとの相対評価になります。結果については受け入れてください」

部下A

「分かりました。よろしくお願いします」

これは人事評価会議に臨むに際しての、私の部下との実際の１ｏｎ１ミーティングのやりとりです。**私は人事評価会議に提出する部下の評価資料を、事前に本人にも見せるようにしています。**これを同僚のマネジャーに話すと「人事評価資料を本人にも見せるの⁉」と驚かれることが多いのですが、これは絶対にオススメです。なぜなら、**評価が良くても悪くても、結果に対する部下の納得感が全然違ってくるからです。**

業績評価であれば、数字がすべてなので分かりやすいですが、行動評価や能力評価といったものは、客観的な数値で測ることができません。マネジャーも部下の仕事ぶりを隅々まで見ているわけではありませんので、1年に及ぶ部下の働きぶりを適正に評価するということは非常に難しく、どうしても部下とマネジャーの間で認識にズレが生じます。その結果、部下にしてみれば「自分が思っていた以上に低い評価だった」「人事評価会議でマネジャーはどこまでアピールしてくれたんだろうか」など、人事評価に対して不満が生じるのです。

「なぜその評価になったのか」「改善するにはどうすれば良かったのか」など、人事評価の結果を丁寧にフィードバックすることが大切だとよく言われます。しかし、はっきり言って結果が出た後では遅いのです。部下からすれば「だったらもっと早く言って欲しかった」という話だからです。マネジャーが示した期待値について期中で進捗を確認することと、評価会議前に認識のズレを補正することが重要になってくる理由は、ここにあります。

もちろん、自分の部下をできるだけ高く評価してあげたいと思うのは、マネジャーとしての人情です。私は、実際に人事評価会議に資料を出す際には、本人に見せたときよりもちょっとだけ〝盛った〟ものを出すようにしています。しかし、自分の部下を極端に高く評価することは、マネジャーとしての人事評価の能力を問われかねませんので注意が必要です。

人事評価を徹底的に透明化すれば、部下は納得し、マネジャーへの信頼も高まる

私は人事評価会議での様子も、「他のチームメンバーが大したことなかったから楽勝だったよ」とか「他のメンバーは君よりもっと成果を出していたから残念ながら下げられた」といったように、できるだけ本人に伝えるようにしています。**部下にとって〝ブラックボックス〟である人事評価を、可能な範囲で〝ガラス張り〟にすることで、部下の納得感は高まり、何よりマネジャーに対する信頼感も高まります。**反対に、私は結果のフィードバックにはほとんど時間をかけません。それまでに十分に対話しているので、時間をかける必要がないのです。

人事評価は部下の最大の関心事の一つです。１ｏｎ１ミーティングでは、人事評価についての対話を積極的に行ってください。そして、良い評価でも悪い評価でも部下に納得してもらえるような、そんな人事評価マネジメントを目指してください。

第 6 章

1on1ミーティングが
あなたの「マネジャー哲学」を
育む

現代のマネジャーには「哲学」が求められている

マネジャーに求められる3つの要素

「現代のマネジャーには、3つの要素が求められている」と私は考えています。一つ目は「経済学」です。マネジャーは、割り当てられたマーケットに対する最終責任者です。商品やサービスがマーケットで受け入れられているか、同業他社はどういった戦略を立てて動いているのか、などを冷静に判断する〝経済的な眼力〟が問われます。本書ではマネジャーとしてのマーケティング力や、営業スキルには触れていませんので、他のビジネス書等を用いて、是非スキルアップしていただきたいと思います。

二つ目は「心理学」です。成果主義やデジタル化が進展した現代においては、合理的なことが重要視される一方、人の感情や気持ちなどの目に見えない側面は、ないがしろにされがちです。第2章でも触れたとおり、部下は「正論」ではなく「感情」で

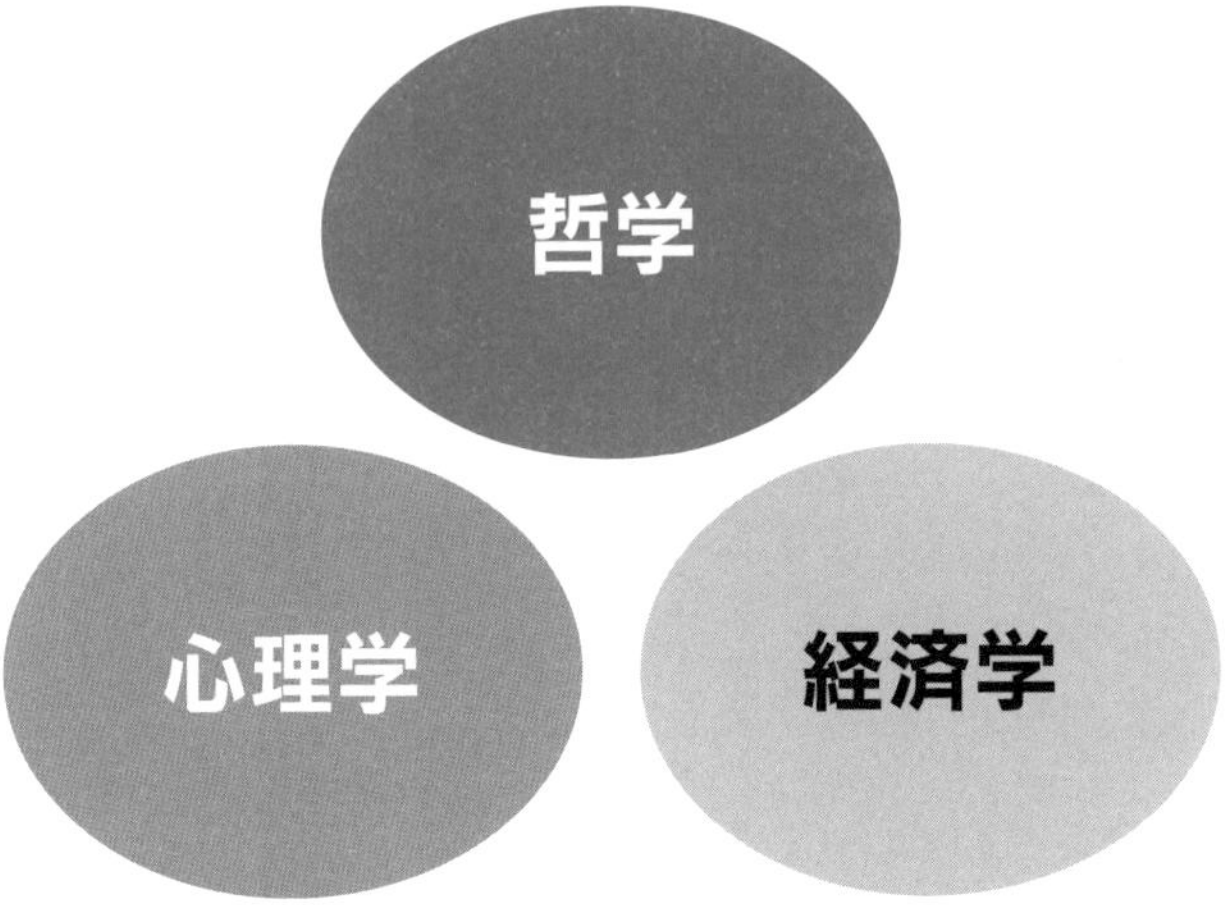

動く生き物です。部下の心理に寄り添うことができないマネジャーは、部下の力を十分に引き出すことができません。本書でお伝えしてきた１ｏｎ１ミーティングのやり方を実践していただき、ＩＱ（知能指数）ではなく、部下の心理が理解できる、ＥＱ（心の知能指数）が高いマネジャーを目指してください。

そして三つ目が「哲学」です。広辞苑によると、哲学とは「経験などから築き上げた人生観・世界観。また、全体を貫く基本的な考え方・思想」とあります。マネジャーには、マネジャーとしての世界観や基本的な考え方が備わっていなければなりません。もう少し分かりやすく表現すると、「マネジャーは何のために存在しているのか」、つまりマネジャーの〝存在意義〟を明確に言語化できなければいけません。私はこれを「マネジャー哲学」と呼んでいます。

マネジャーは何のために存在しているのか

「マネジャーの存在意義」の答えは、1つではありません。あなたの組織やチームが、マネジャーであるあなたに求めていることを考えれば良いのです。私もマネジャーになりたての頃は、存在意義など分かりませんでしたし、意識すらしていませんでした。しかし、その後の**マネジャー経験を通して悩み、考え続け、たどり着いた答えが、「チームをマネジメントすること」「部下の人材育成をすること」「業績を達成すること」の3つでした。**是非みなさんも、マネジャーとしての存在意義について考えてみてください。考え続ける行為が、マネジャーとしての「軸」を形作ることにつながっていきます。

第6章では、マネジャーの〝存在意義〟を考え続ける行為を通して、マネジャー哲学について、私なりの考えをみなさんにお伝えしたいと思います。

部下が判断に迷った時、部下の頭にあなたの名前が浮かぶマネジャーになる

チームにおける自分の役割を言語化する

本書を読まれている方は、現在、会社でマネジャーのポジションにいる方が多いと思います。では、自分のマネジャーとしての「役割」をはっきりと言語化することはできているでしょうか？

近年では「ジョブ・ディスクリプション（job description）」という言葉を聞く機会も増えてきました。担当する業務についての職務内容を詳しく記載した文書のことを言い、日本語では「職務記述書」とも呼ばれています。しかし日本においては、マネジャーの職務の内容を「ジョブ・ディスクリプション」として明記している会社はまだまだ少ないです。

外資系企業などでは、会社が定めたジョブ・ディスクリプションに基づいて、ある日突然、新しいマネジャーが自分の上司として転職してくるケースは珍しくありませんが、日本の企業では、社内で優秀な成績を収めたプレーヤーがマネジャーに昇進するというケースがほとんどです。マネジャーとプレーヤーでは、職務の内容が大きく変わるのですが、会社からマネジャーとしての新たなジョブ・ディスクリプションを言い渡されるケースは少ないでしょう。だから、**マネジャーとしてのジョブ・ディスクリプション、つまり役割を自分で言語化することが必要なのです。**

自分の中にブレない〝軸〟をもつ

先の項でもお伝えしたとおり、私が考えるマネジャーの役割とは、「チームをマネジメントすること」「部下の人材育成をすること」「業績を達成すること」の3つです。これは会社が決めたものではなく、マネジャー歴8年の経験の中でたどり着いた、私なりのジョブ・ディスクリプションです。チームをマネジメントしながら、人材育成に重きを置いて取り組み、業績を上げる。業績を上げることができなければ責任をとる。私は、これをマネジャーとしての自分の役割であると認識して取り組んできました。その結果、自分の中にマネジャーとしてのいくつかの〝軸〟が定まりました。

〝軸〟とは、マネジャーとしての〝スタンス〟、あるいは〝大切にしているもの〟と言い換えることができるかもしれません。私には「部下との対話を大切にする」「部下を敬《うやま》う」「仕事を通して人間として成長する」など、マネジャーとしてのいくつかの〝軸〟があります。これらの**〝軸〟は、いくつあっても、また途中で変わっても構いませんが、決してブレてはいけません。**

「コマ」を思い浮かべてください。勢いよく回っているコマの軸は、動くことがあっても倒れませんが、勢いがなくなってブレ始めると倒れます。軸がブレるマネジャーは、判断基準がブレます。マネジャーの判断基準がブレるようだと、部下たちは、何を基準に動けばいいのか分からなくなります。そうなると、次第に部下たちの心はマネジャーから離れていき、チームとしての力を失っていきます。

あなたにも、判断に迷った時や悩んだ時、「あの人ならどうするだろうな」と頭に浮かぶ上司が何人かいるのではないでしょうか？　その人たちを思い出してみてください。彼ら、彼女たちは上司としての軸、スタンスがはっきりしていた人達ではないでしょうか？

マネジャーとしてのあなたの真の価値は、部下が判断に迷った時にあなたを思い出すかどうかです。

マネジャーは、部下育成を通じて成長できる最高のポジション

プレーヤーからマネジャーになるということの意味

「リーダーシップとは終わりのない自分探しの旅である」。これはGE（ゼネラル・エレクトリック）元会長であるジェフ・イメルト氏の言葉です。同氏はジャック・ウエルチ氏の後任としてGEの会長兼CEOに就任し、16年にわたってGEを率いた人物です。私はこの言葉にはマネジャーの本質が凝縮されていると思っています。**マネジャーは部下を育成していく過程で、常に自分と向き合い自分も成長していく。そのプロセスに終わりはありません。**

会社の中でマネジャーに昇進するためには、プレーヤーとして優秀な成績を収めて上司に認めてもらい、マネジャーに引き上げてもらう必要があります。ところが、マネジャーとプレーヤーでは仕事の内容は全く異なります。プレーヤーの仕事は、営業

であれば自らに与えられた目標を達成しチームの売上に貢献したり、内務事務であれば自分に与えられた業務をこなしてチームを回すことです。

ところが、マネジャーに昇進した途端、仕事の内容はガラッと変わります。マネジャーの仕事はチームをマネジメントし、部下を育成しながらチームの目標を達成させることです。つまり、**プレーヤーの仕事は〝自分が中心〟であるのに対し、マネジャーの仕事は〝相手が中心〟なのです。**同じ会社の中であっても、マネジャーに昇進するということは、全く別の業界に転職する時と同じくらい、求められるものが変わるのです。

人間が大きく成長するためには〝修羅場〟を経験することが欠かせません。読者のみなさんも、自分の人生の中で、めちゃくちゃ辛かったり、しんどかった時の経験を思い出してみてください。受験勉強、スポーツ、仕事、対人関係、何でも構いません。それらの辛かった経験を乗り越えた、そういった経験は、あなたを人間的に大きく成長させたはずです。初めてマネジャーに昇進するということは、プレーヤー時代とは全く異なる能力をいきなり求められるという、まさしく修羅場の経験なのです。

「他責」から「自責」へ

「できない部下」「ダメな部下」を「できる部下」「イケてる部下」に育てることが、マネジャーの役割です。このことを頭では理解していても、常に部下との能力のギャップに悩んでいるマネジャーは、「指示したことを部下がやらない」「自分では考えられないようなミスを部下が犯す」、つまり「問題の所在は仕事ができない部下の方にある」と考えてしまいがちです。

しかし、「部下に実行力がない」「部下がだらしない」のは、マネジャーの教え方に問題があるからです。**この「他責」から「自責」への発想の転換ができるかできないかで、マネジャーの力量は決まります。部下の置かれた立場に立ち、部下の気持ちを想像し、部下の視点からなぜ部下ができないのかを真剣に考える。このプロセスを通じて、マネジャーはひとりの人間として成長することができるのです。**

部下の気持ちに思いを馳せ、部下から学ぶ姿勢をもつマネジャーは、人間として成長していく

私が岩手県でマネジャーをしていた当時、お客さまからのクレーム対応で印象に残っていることがあります。私が自分のデスクで仕事をしていると、受付窓口が何やら

騒がしいのです。ほどなくして女性社員が私のデスクにやってきて「お客さまが窓口で、『女じゃ話にならないから男を出せ！』と騒いでいるんです。今、フロアには竹野さんしか男性社員がいないものですから…」と慌てふためいた様子で説明してくれました。

私が受付窓口に行くと、そこには苛立った様子のお年寄りのお客さまがいました。話を伺うと、お客さまの銀行口座から身に覚えのない引き落としがなされている、というのです。通帳を拝見すると〝三井住友カード〟と表記されていたので、私が「お客さま、私どもは〝三井住友海上〟です。これは〝三井住友カード〟というクレジットカード会社の請求で…」と説明しかけると、「あー!? よく分かんねーよ！ 俺は耳が遠いんだよ！」とおっしゃられました。私は、そこで初めてお客さまは耳が不自由であることに気付きました。

耳の聞こえづらいお年寄りが、〝三井住友海上〟と〝三井住友カード〟という紛らわしい会社の説明を聞くことは、相当なストレスを感じるだろうなと思った私は、「少々お待ちください」と席を外し、Ａ４の白紙を数枚取りに戻り、筆談で説明を始めました。カード会社と保険会社の違いから、三井住友カードのお客様窓口の連絡先までをＡ４用紙に書いて説明しました。すると、それまで怒っていたお客さまは「そうかそうか分かった。じゃあここに電話すればいいんだな」と言って帰ろうとしました。しかし、私はお客さまをすぐさま呼び止めました。

カード会社の窓口に電話しても、また同じやりとりが繰り返されるであろうと思った私は、お客さまのクレジットカードを見せていただきました。財布からは案の定、三井住友カードのクレジットカードが出てきたので〝電話がつながったらこの番号を相手に伝えてください〟と、カード番号をＡ４用紙に書き写して手渡しました。すると、お客さまは「ここまで親切にしてくれてどうもありがとうな」と言い、満面の笑みでお帰りになられました。

これは些細な経験ではありますが、マネジャーとして私が普段から部下の気持ちに思いを馳せるという訓練を積んでいなければ、耳の遠いお年寄りのストレスに思いを馳せるという発想には至らなかったと思います。

私は、自分と会う人は必ず何らかの点で自分より優れている、あるいは自分に何かを気付かせてくれる、そういう存在だと思うようにしています。これは部下も同じです。部下から学ぶことはたくさんあります。そして**部下は、マネジャーに足りないことを気付かせてくれるありがたい存在なのです。**そういう気持ちで部下との１ｏｎ１ミーティングに臨んでください。そうすれば、部下はマネジャーであるあなたを必ず成長させてくれます。

私は８年にもわたり、マネジャーを経験させてくれた三井住友海上には心から感謝しています。その間には辛いことや逃げ出したいこともたくさんありましたが、マネジャー歴８年の中で私は人間的に大きく成長できたという実感があります。

私は、マネジャーとは「給料をもらいながら自己啓発できる最高の環境」だと思っています。現在マネジャーである読者のみなさんも、これからマネジャーを目指す読者のみなさんも、マネジャーという最高の舞台を用意してくれる会社への感謝の気持ちを忘れずに、人間力の高いマネジャーを目指してください。

〝マイナーチェンジ〟し続けるマネジャーの姿が、部下を刺激し成長を促す

マネジャーは部下に教えを乞い、「マイナーチェンジ」し続けなければならない

『士《し》別《わか》れて三日《みっか》なれば即《すなわ》ち更《さら》に刮目《かつもく》して相待《あいたい》すべし』

これは三国志の「呉下《ごか》の阿蒙《あもう》」というお話に出てくる言葉です。呉の国の呂蒙（りょもう）は、武勇にはすこぶる秀でた将軍で、いくつもの武勲《ぶくん》をあげますが、教養が全くありませんでした。「阿蒙」とは日本で言うなら「蒙ちゃん」といったニックネームのニュアンスで、少し小バカにされていました。「教養がなければ一流の将軍にはなれない」と諭された呂蒙は、一念発起《いちねんほっき》して猛勉強を始めます。しばらくして再会した呂蒙は、それまでの猛々《たけだけ》しい将軍の顔つきとは全く違ったものになっていました。

これはその時に呂蒙が発した言葉です。

もっと分かりやすく表現すると、「人は3日も会わなければ、随分と成長して別人になっているものだ。だからしっかり目を見開いて会わなければいけない」という意味合いです。私の座右の銘の一つで、よく部下たちにもこの言葉を使って、学ぶことの大切さを伝えています。

たったの3日で別人に成長することは難しいですが、昨日の自分より少し成長するという意識が大切です。車で言うなら「マイナーチェンジ」です。新しく発売される車も、毎年マイナーチェンジを繰り返し、だいたい3〜4年でフルモデルチェンジします。そして10年も経てば、姿・形・性能ともに、発売当初とは比べ物にならないくらい良くなっています。人間の成長も同じです。

ところが、昇進してマネジャークラスになると、自分に教えてくれる先輩はだんだんと少なくなってきます。マネジャーより役職が上の人と言えば、部長か役員くらいしかいませんので、当然と言えば当然です。自分の周りには、年下の部下か、年上でも役職が下の部下が圧倒的に多くなります。**大事なのは「部下に教えを乞う」という**

姿勢です。作家の吉《よし》川《かわ》英《えい》治《じ》さんが好んで使われた名言である『我《われ》以《い》外《がい》皆《みな》我《わが》師《し》』も私の座右の銘の一つです。「自分以外の人はすべて、自分の足らないことを教えてくれる先生」という意味です。

日本には「年長者は尊重されなければならない」という思想や習慣が強く根付いています。これには、中国からもたらされた儒教の教えが大きく影響していると言われ、上下関係の秩序を重んじる儒教の教えが、日本のサラリーマン社会にも浸透しています。もちろん、上下関係を尊重し、相手の立場を思いやることは、社会人として欠かせない要素ではありますが、「上司の意見には従わなければならない」「上司には意見しづらい」といった雰囲気が強くなると、チーム内の風通しが悪くなり、いわゆる「心理的安全性」が低下する要因となります。

「マネジャー、こうした方がいいですよ」「その考え方はもう古いですよ」とは、部下たちの方からはなかなか教えに来てはくれません。だから、マネジャーには「部下に教えを乞う」姿勢が求められるのです。

変化が緩やかな時代であれば、マネジャーが蓄積した過去の経験をもとに、新たに発生する問題を解決することができたかもしれません。昔で言うなら、村人たちは長老の意見を聞き、「今起きている問題は50年前にも起きたことなんじゃ」といった長老のアドバイスに従っていれば、村人たちは安心して対策を練ることができました。

ところが、今は違います。マネジャーの経験則がそのまま通用しないことが、随分と多くなりました。「10年前はこれで解決できたのだから、やってみろ」と言っても若手は誰もついて来てはくれないでしょう。

部下たちは、１ｏｎ１ミーティングでのフィードバックなどを通じて自分のことを省みることができます。ところが、マネジャーの立場になると、よほど意識しない限り、そのような機会はほとんどありません。部下からのフィードバックが足りていないために、自分の人格や人望について勘違いしているマネジャーがあまりに多いと私は感じています。

部下にフィードバックしてもらい、自分を見つめ直す

私はかつて、自分のチームに勤めていた、一回り年上のパート社員のことを〝御意見番〟と呼んで、よくフィードバックを求めていました。ある時、私は、プロジェクトの進捗があまりに遅かったので、チームの定例会議で少し強い口調で部下に詰め寄ったことがありました。会議が終わった後、「さすがにちょっと言い過ぎたかな…」と気になり、会議に出席していたパート社員に別室に来てもらって、どう見えていたか意見を聞きました。すると「竹野さんが言ったことは、そのとおりだとは思うんですが…」とパート社員が口ごもったため、率直に言って欲しいと促すと、「ちゃんと理解できていない子もいると思います」と言われ、思わずはっとしました。

さらには「竹野さんの関西弁はちょっとキツいので、もう少し優しく話したらどうでしょうか?」とも言われました。私は一瞬、「そこ?」とは思いましたが、「確かに言われてみれば、エキサイトすると関西弁丸出しだな。人によってはキツく聞こえるかも」と反省しました。

また、１ｏｎ１ミーティングにおいて、マネジャーである私に対して「改めて欲し

いこと」「直して欲しいこと」「マネジャーとして不足していると感じるところ」などを、必ず一つは考えて席に着くように、と促したこともあります。これは勇気のいる行為ではありましたが、自分を見つめ直す良い機会になりました。

「伝えたことを忘れないで欲しい」といった指摘などは、少し自覚症状がありましたので、「やっぱりそうか…気を付けよう」と思いましたが、「部下の話を最後までちゃんと聞いて欲しい」と言われた時はショックでした。**自分では「傾聴」できているつもりでも、部下は全くそうとは感じていなかったのです。**少し腹が立ちながらも、そのことに気付かせてくれた部下には感謝しなければいけないと思いました。**部下にフィードバックを求める姿勢があれば、「マネジャーは部下よりも人間的に優れている」などという妄想は抱かなくなるのです。**

職場は、マネジャー・部下双方にとって、成長の場でなくてはいけません。マイナーチェンジし続ける姿を、マネジャー自らが示し、部下の成長意欲を駆り立てていただきたいと思います。

本を読む姿勢を背中で見せよう、部下の「知性」を育むのはマネジャーであるあなた

マネジャーが率先して本を読み、「知性」を磨いていく

人が成長するための要素は二つあると私は考えています。一つは「経験」です。仕事も大切な経験であり、仕事を通じて人は成長します。自分に影響を与えてくれる、いわゆるメンターと言えるような、尊敬できる上司や先輩との出会いから人は学びます。マネジャーとして人材育成に携わるという経験を通じても、人は大きく成長できます。もちろん自分の親や家族などから学ぶ経験も大きいでしょう。

しかし、人は誰しも平等に１日24時間しか与えられていません。睡眠時間を８時間とすれば、１日に経験できる時間は16時間しかありません。人が一生のうちに経験できることには限りがあるのです。それを補ってくれるのが「読書」です。本には他人の経験が詰め込まれています。例えばビジネス書であれば、１冊１７００円に著者の

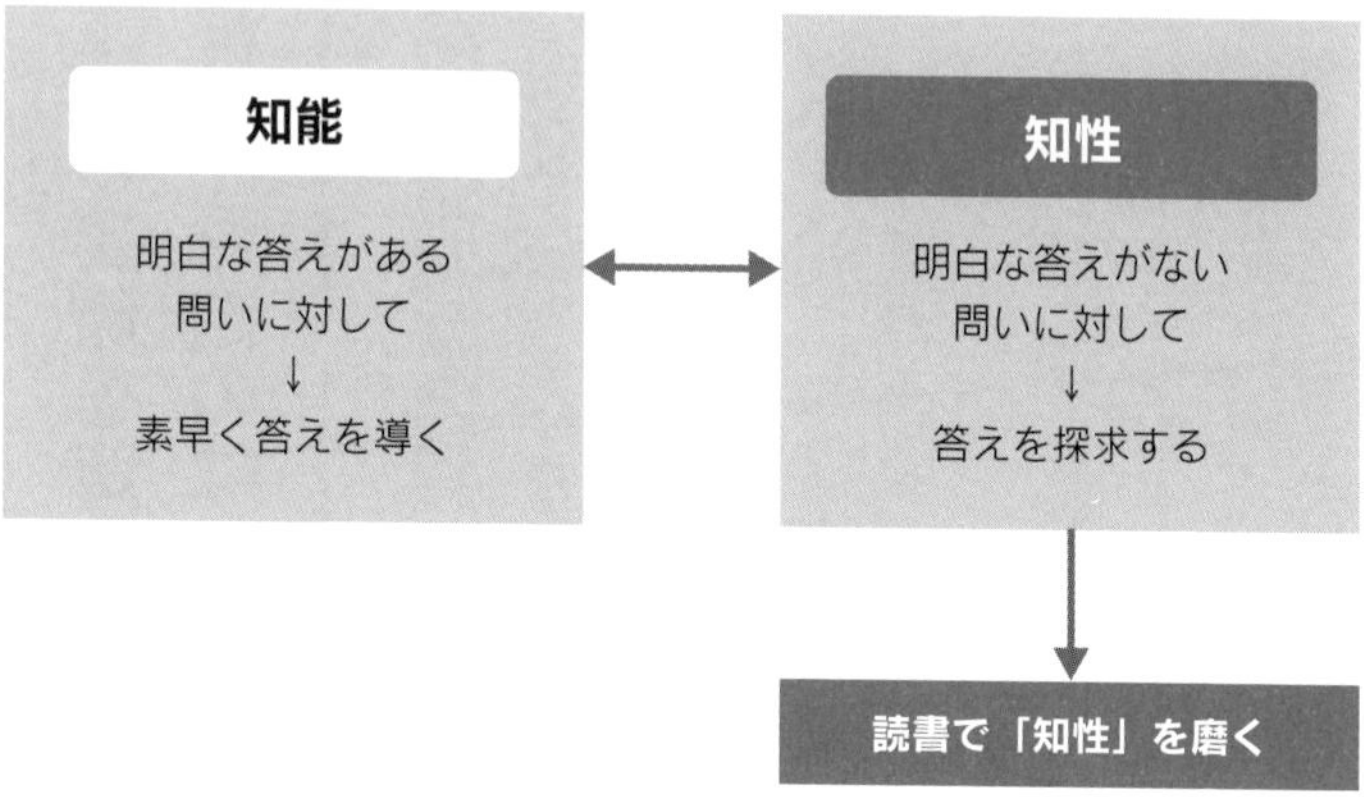

人生経験が凝縮されているのです（超安い！）。**人が成長するために、絶対に欠かせないもう一つの要素が「読書」なのです。**

みなさんは「知能」と「知性」について考えたことはありますか？　知能とは、明白な答えがある問いに対して、素早く答えを導く能力のことを言います。人工知能（ＡＩ）もその一つですね。人間の神経細胞の仕組みを再現した深層学習（ディープラーニング）を用いた人工知能は、人類の知能をはるかに凌ぐレベルにまで発達しました。ところが、「人工知性」と呼ばれるものは、まだ出現していません。

「知性」とは、明白な答えがない問いに対して、その答えを探求する能力のことを言います。仕事においては、物事の〝本質〟を見抜く能力が、極めて重要であり、それには「知性」が深く関係しているのです。**この「知性」を磨くために絶対に欠かせないもの、それが読書なのです。**第6章では、マネジャー哲学についてお話してきましたが、私のマネジャー哲学は、自分の過去の経験から形作られたものだけでなく、過去に読んだ本から得られた知見や考え方によって形成されたものがたくさんあります。

部下の思考力は「読書」で育つ

私のチームには、「推薦図書デー」というものがあり、毎月1回、自分のオススメの本をチームメンバーに分かりやすく3分で紹介する、という取組を行っています。「この本を一言で表現すると」「紹介したい引用箇所」「今後の自分にどう生かすか」の3点に絞り、簡単なフォームを用いてメンバーが互いに紹介します。自己啓発の一環として始めてから、既に5年が経過し、部下たちが紹介した本は１５０冊を超えました。最近では作成した本のリストを読書好きなお客さまにも配布しており、大変喜ばれています。

部下に本をたくさん読ませれば、部下の思考力が育ちます。若いうちは、自分の考えや価値観と呼べるものがなくても、**本を読んで色んな人の考えに触れ、自問自答するうちに、それらが自分の〝血〟や〝肉〟となり、思考力が育まれていきます。**そういう意味で、思考力とは「けもの道」に似ています。森の中の道なき道を何回も通るうちに踏み固められ、道なき道は、次第に自分の「思考の道」になっていくのです。

新聞記事ひとつとってみてもそうです。記事の内容を単に頭に入れるのではなく、「自分ならこう考える」という思考訓練をし、記事の中に課題を見つける。それを繰り返すうちに「持論」と呼べるものが持てるようになります。他人が気付かない問題点も見えるようになってきます。

読書は最高の「リスキリング」

近年、社会人の学び直し、いわゆる「リスキリング」の重要性が指摘されています。社会の変化に対応するため、資格を取得したり語学を習得するというニュアンスで語られることが多いですが、**最高のリスキリングは「読書」です。**読書を通じてしか、思考の道を育て、知性を育むことはできないのです。**何より、本を読まなければ〝変**

化できる人間〟になれません。様々な著者の考えや経験に触れることではじめて、常に自分をアップデートできる、つまりマイナーチェンジし続けられる人間になれるのです。

仕事を教えることはマネジャーにもできます。しかし、知性を育てることは部下自身でなければできないことです。マネジャーとしては、部下が知性を育てるのを後押ししてあげることが大切です。是非、たくさん本を読む姿勢を背中で見せてあげてください。そして、読書を通じてマイナーチェンジし続けることができる、知性豊かな部下を育ててください。

マネジャーが部下を育てるのではない、仕事が部下を育てる

「作業」ではなく、「仕事」を任せれば、部下は自分で学習する

人材育成がマネジャーの最も重要なミッションであることは、既にお伝えしてきたとおりです。第1章でも書いたとおり、マネジャーの仕事をピラミッドで表現すると、1階部分の「マネジメント」さえしっかり押さえれば、残りの時間はすべて人材育成に時間を割いてもいいくらいです。マネジャーが部下を育てることさえできれば、業績は自《おの》ずと後からついて来るものです。

しかし、人材育成に時間を割くといっても、抱えている部下の人数によってひとり一人にかけられる時間は異なってきます。仮に部下が一人ならば、つきっきりとまではいかなくとも、育成に相当な時間を費やすことができますが、部下が10人近くになってくると、1人の部下の育成に費やせる時間は限られてきます。では部下の育成に

かける時間を、どうやって確保すればいいのでしょうか？

多くのマネジャーは、部下に「仕事」を任せず、無意識のうちに「作業」を任せてしまっています。というのも、「仕事」には、目的・準備・役割分担・相手との交渉・納期などがあるため、部下は自分で考え、工夫して「仕事」を進めていかなければいけません。しかし、部下によって仕事の進め方は様々です。マネジャーの期待どおりの成果を出す部下もいれば、マネジャーが想定もしていないような動きをする部下もいます。だから、優秀なマネジャーほど、心配な部下に対してあれこれ指示を出し、自分の思いどおりに仕事を進めようとします。しかしそうなると、部下はマネジャーの指示を待つようになり、せっかくの成長機会である「仕事」が「作業」に変わってしまうのです。**マネジャーが、部下を思いどおりに動かそうとすればするほど、部下の「学習する力」は退化していきます。**

人は、自分が思いついたことに対しては、誰かに指示されたこと以上に一生懸命になれます。みなさんも部下であった時代、自分で考えた企画やプロジェクトに、心躍らせながら取り組んだ経験があるはずです。私が30代前半の頃のマネジャーは、全くと言っていいほど私に指示をしなかったので、私は自由気ままに仕事をさせてもらいました。そして私は自ら考えた企画で次々と大きな成果を出していました。マネジャーへの報告は、ほとんどが事後報告。それはそれで問題かもしれませんが、私自身としては最も充実し、成長した時期でした。マネジャーとして口を挟みたいこともたくさんあったと思いますが、私を信頼して仕事を任せてくれた当時のマネジャーには、心から感謝しています。

自分の言うことを聞かせるのではなく、部下に任せて待つ

マネジャーには「忍耐力」ならぬ、〝任待力〟が求められます。部下に仕事を任せて、待つのです。マネジャーには成功体験や失敗体験が数多くありますが、部下にはそれらが圧倒的に足りていません。部下の成長を促す要素には、①「仕事から得られる実体験」②「重要なメンターとの出会い」③「研修などから得られる学習効果」があると言われますが、これら３つの重要度の割合は、７：２：１と言われます。つまり、部下に仕事を任せて、「仕事に部下を育てさせる」発想が大切なのです。

しかし、〝任せっきり〟は良くありません。適切なタイミングで軌道修正すること

も大事です。マネジャーが仕事のプロセスを逐一チェックするわけにはいきませんが、常にマネジャーの見える範囲においておくことは重要です。そこで大事になるのが報告です。特に若手部下の場合には、マネジャーへの報告の頻度を増やしてもらい、想定外の方向に進まないよう、フォローすることです。

もし、任せた仕事を途中で投げ出そうとしたり、妥協しようとしたら、マネジャーとして厳しさを見せることも大事です。ここで、厳しく叱責する必要はありません。「あなた、やるって言ったよね」これで十分です。部下は任された仕事の重みを再認識し、仕事に対する責任感を次第に養っていきます。

マネジャーとして、部下の育成指導に直接携われる時間は限られています。**「マネジャーが部下を育てる」という意識では、部下はマネジャー以上に成長しません。「仕事が部下を育てる」という意識を大切にし、将来はマネジャーを超える部下に育てていかなければいけません。**勇気をもって部下に仕事を任せ、手っ取り早くアドバイスしたいところをグッと我慢し、仕事の進捗を静かに見守る。こうしたマネジャーの姿勢こそが、部下に真の成長を促すのです。

企業理念ならぬ、あなたの「チーム理念」をつくる

企業が掲げる理念をベースに、チームの存在意義を定める

みなさんの会社にも「企業理念」、または「ミッション」といったものがあると思います。ちなみに私の会社の企業理念は「グローバルな保険・金融サービス事業を通じて、安心と安全を提供し、活力ある社会の発展と地球の健やかな未来を支えます」とされています。非常に壮大です。損害保険会社なので「安心と安全を提供する」というのは分かるのですが、「地球の未来を考えて毎日仕事しているか？」と言われたら、かなり苦しい感じがします…。

企業理念とは、その会社の〝存在意義〟とも言える、なくてはならない非常に大切なものです。よく会社の朝礼とかで、企業理念をメンバー全員で唱和しているという話を聞くことがあります。しかし私は、あれは全く無意味だと思っています。毎日、

呪文のように唱えるだけの時間は、はっきり言ってムダです。だから私は、毎朝自分の部下たちに企業理念を唱和させることなどせず、全員に一字一句「暗記」させています（カンペなしに客先で企業理念がスラスラ言えるとカッコいいですよ！）。

自分の会社の社長の訓示や挨拶を思い返してみてください。記憶に残っている社長の話ってほとんどないのではないでしょうか？　そもそも、聞いていてもあまり面白くないですよね？　なぜ社長の話は面白くないのでしょうか？　それは抽象的だからです。会社の規模にもよりますが、社長の立場としては、どの部署にも共通するテーマを選ぶ必要があります。特定の部署の具体的な話に触れていては、時間がいくらあっても足りません。だからどうしても、世界情勢や国内情勢、会社全体の売上や利益目標といった、マクロ的な話題にならざるを得ません。

ところが、マネジャーの場合は違います。**最も現場に近い存在として、企業理念や社長のメッセージを、現場ベースにブレイクダウンして、部下に分かりやすく伝える、それがマネジャーの役割です。**なので、私のチームでは、自分の会社の企業理念をベースに、「チーム理念」を定めています。これは私が考えるのではなく、部下全員に考えてもらいました。そして全員で投票した結果、決まったチーム理念が「地域に安心と安全を提供するため、信頼ある代理店を育てる」です。これが、我々のチームの存在意義である、と位置付けました。

安心して車を運転するためには、万が一の事故の際に確実に補償がなされる自動車保険に加入していることが大前提です。そして、損害保険会社は、代理店を通して自動車保険を販売しています。そこで、お客さまが安心する自動車保険を提案することができる、「信頼ある代理店」を育てることが、私のチームの理念、つまり存在意義である、と定めました。

チーム理念をもとに、より具体的なビジョンを描く

チーム理念を実現するためには、より具体的な〝チームビジョン〟が必要になります。私の会社は民間企業ですので、当然、他の損害保険会社との競争があります。いくら理想を高く掲げていても、代理店に自分の会社の保険を提供してもらわなければ意味がありません。そこで私は、「ディーラー代理店にとって、最も存在感のある保険会社を目指す」をチームビジョンに定めました。「代理店に私の会社の自動車保険

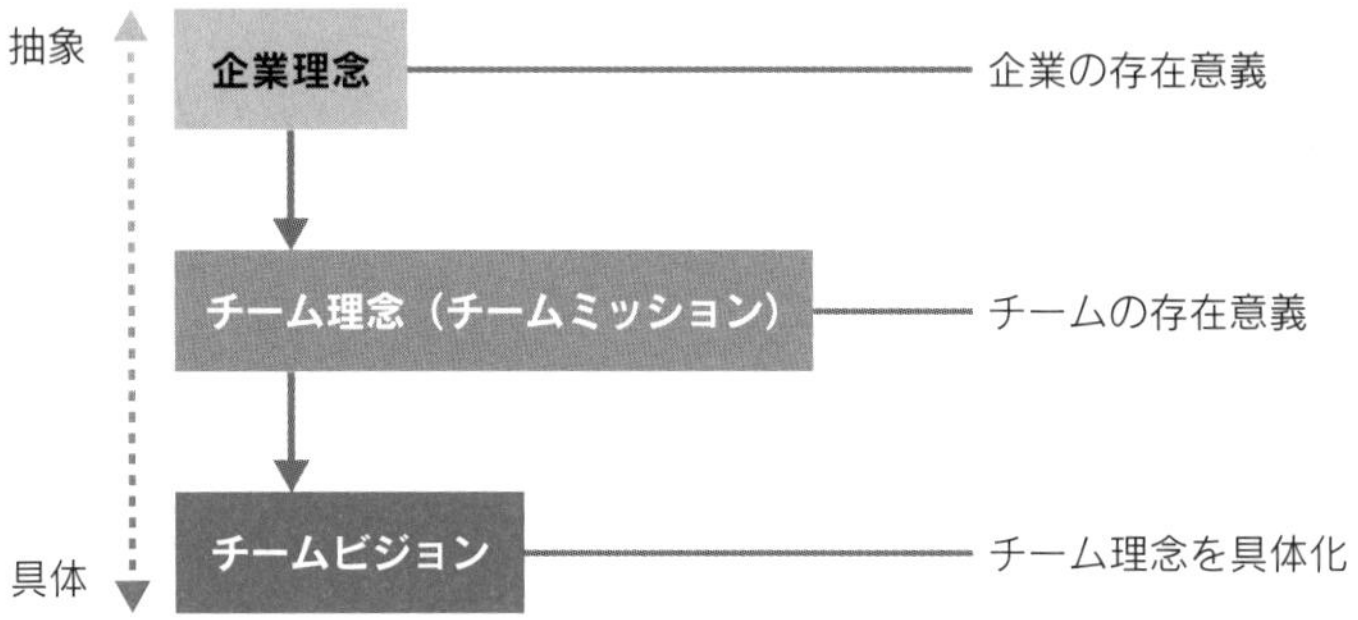

を取り扱っていただくために、一番頼ってもらえる保険会社を目指そう」というビジョンです。**チーム理念とチームビジョンを定めたら、次はそれらに対して誰がどんな役割を担っているのかを、マネジャーが可視化していかなければいけません。**

私は「1分朝礼」と名付け、簡単な朝のブリーフィングを毎日行っています。その中で、昨日起こったチームの中の出来事を、チーム理念またはチームビジョンに結び付けて、部下たちに分かりやすく伝えるようにしています。例えばこんなケースです。

私は時折、自動車ディーラー代理店を訪問することがあるのですが、その際には、店舗のショールームに置いてある自動車保険のパンフレット立てを、必ず確認するようにしています。すると、日焼けしたものや、折れ曲がったままのパンフレットをたまに見かけます。これは、その店舗の担当者のメンテナンスが行き届いていないことによるものです。そこで、朝礼で「そんなパンフレット立てを見て、お客さまは当社の自動車保険に入ろうと思いますか？　これでは代理店も安心と安全を提供できませんよね？　パンフレット立ては必ず綺麗にメンテナンスしてください。今日もよろしくお願いします」と言います。自分たちの日々の小さな業務が、チームのミッションとビジョンにどう結び付いているのかを、マネジャーが発信し続けるのです。

一流の上司と二流の上司を分けるもの。それは「徹底できるかできないか」です。部下から「またその話？」と思われてもひたすら言い続ける。「何度同じことを言わせるんだ！」の気持ちを押さえ、ニコニコして何度も同じことを言い続ける忍耐力が必要です。そうすることで、マネジャーのこだわりは、必ず部下にも伝わります。

私がチームミッションとチームビジョンにこだわる理由は、私に相談しなくても、

部下が自分たちで考え、判断できるようにするためです。部下たちが対応に悩んだ時、「地域の安心と安全につながっているか」「信頼ある代理店を育てることにつながっているか」「最も存在感のある保険会社になることにつながっているか」に照らし合わせ、自分で判断させるためです。**チームミッションとチームビジョンが、部下たちの行動規範として浸透した時、最強のチームに生まれ変わります。**

世の中はdoing（何をするか）から、being（どうあるべきか）の世界に緩やかに移行していると言われています。ビジョンはビジョンを語る人にしか浸透させることができません。マネジャーが自分の言葉で、チームミッションとチームビジョンを語り続け、それらを部下に浸透させていってください。

「目標」とは会社の中のもの、マネジャーは会社の外に「目的」をつくり、語れ

「個人の利益」よりも「チームの利益」にベクトルを向ける

「チームの勝利に貢献できて嬉しいです」「チームに迷惑をかけてしまいました」「チームの一員で幸せでした」。

これらは、スポーツの試合後に、選手へのインタビューなどでよく耳にするフレーズです。選手が口にするコメントは、自分個人のプレーに対するものではなく、チームの勝利に向けて必死に戦った結果、自分がどれだけチームに貢献できたか、という観点からのものが多いように感じます。会社もスポーツチームと同じです。個人の目標達成に向けて部下をリードするよりも、「チームの利益」にベクトルを向ける方が、組織はより大きなパワーを発揮します。

原始時代の「狩り」をイメージしてください。ひとり一人のメンバーが、ちまちまと小動物を追いかけるよりも、全員のメンバーが力を合わせて大きなマンモスを狙い、仕留めた肉をみんなで山分けした方が、たくさんの食料を確保できます。マネジャーは、部下たちを「チームの利益」に向かわせ、そこから「個人の利益」を分配するようにリードしなければなりません。ではマネジャーは、どんな目標にチームを向かわせれば良いのでしょうか？

「組織の目的」と「個人の役割」をリンクさせる

私にはこんな経験があります。岩手県のマネジャーに就任した当時、私のチームの岩手県における損害保険業界での順位は大手中4位で、業界における市場シェアも、わずか9・34％しかありませんでした。市場シェアが1桁しかない都道府県は全国に3つしかないという状況でした。そこで私は「市場シェア10％達成！」をチームの目標に掲げました。他の業界と違い、損害保険業界は市場シェアの動きが鈍く、1年でコンマ数％しか動かないのが一般的でした。それでも、部下たちは10％達成に向けて精力的に取り組み、シェアは毎月順調に上がっていきました。

そして取組開始から1年半が経過した時、見事10％を達成することができたのです！　この時はチームメンバー全員で大喜びし、「シェア10％達成！」と書いたデコレーションケーキまで用意した祝勝会を開催し、喜びを分かち合いました。しかしその後、私は次のチーム目標を何にするか悩みました。「10％の次は11％か。その次は12％。これじゃキリがないな…」と思い始めたのです。私はこの時、チームの「目標」と「目的」をよく理解していませんでした。

「目標」とは、会社の内部や組織の内側に置かれるものです。売上目標や利益目標といったもので、会社から降りてくることが多いものです。市場シェア10％達成も「目標」でした。

一方、「目的」とは、会社の外側や組織の外側に置かれるものです。先に述べた、チームミッションや存在意義、といったものです。当時の私は、市場シェア10％という「目標」を定めただけで、チームの「目的」を定めていなかったのです。**人間の感情は一定ではなく、目標を達成して一時的にモチベーションが上がったとしても、い**

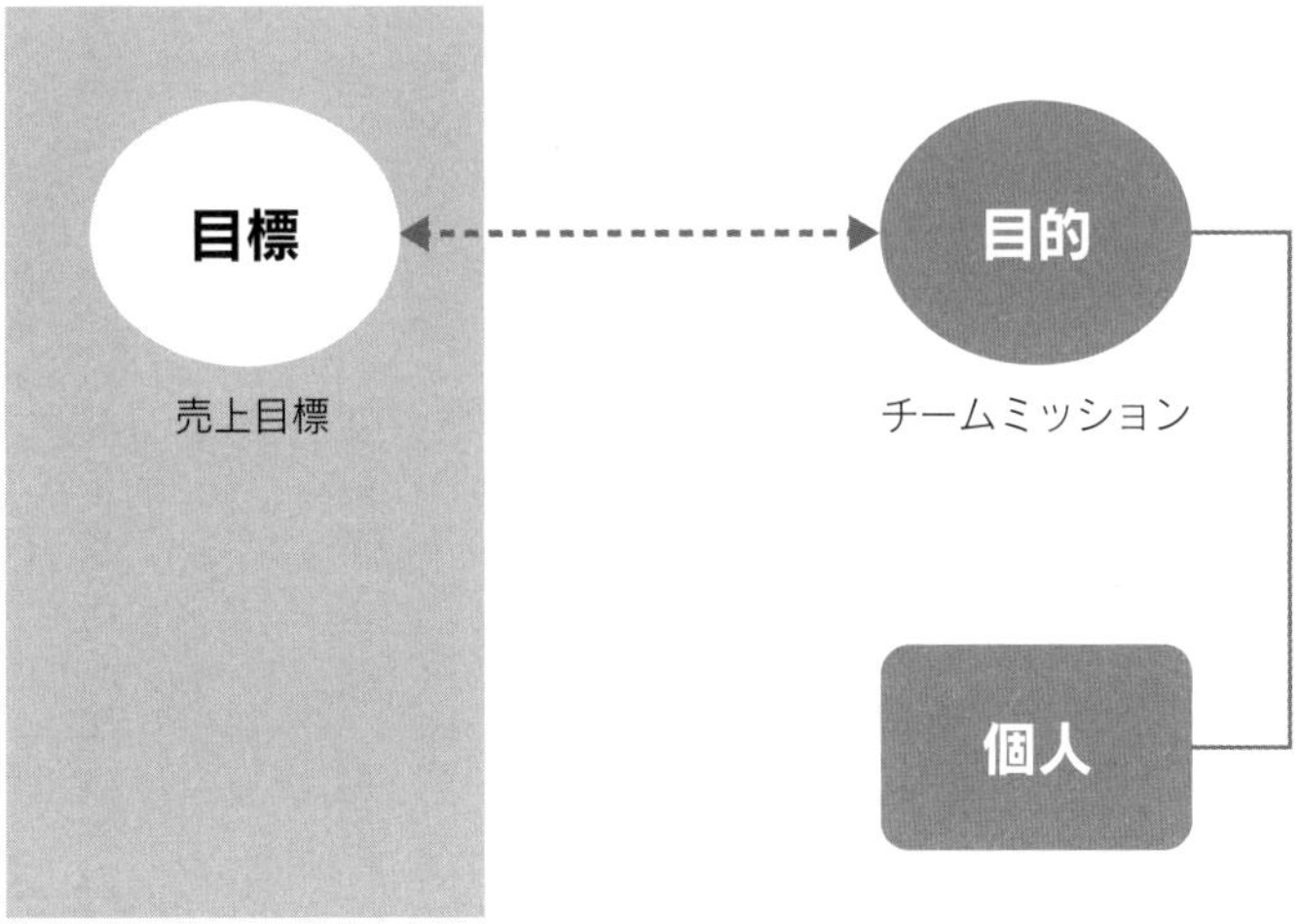

つかは必ず下がってしまいます。だからモチベーションに頼らない「目的」が必要になるのです。市場シェア10％を達成した翌年、私はチームの数値目標のほかに、メンバー全員でチームミッションを話し合いました。その結果決まったのが、「地域に安心と安全を提供するため、信頼ある代理店を育てる」だったのです。

近年、組織運営においては「組織の目的」と「個々の尊重」の両立が求められています。昔ながらの、個人を犠牲にして献身的に組織に尽くす、というやり方はもう通用しません。逆に、個人ばかり優先していては、組織はまとまりません。**部下が担っているひとつ一つの役割**

が、組織の目的とどう関連し、どのように紐づいているのかを、マネジャーが自分の言葉で語らねばいけません。「組織の目的」と「個人の役割」をリンクさせることが大事なのです。

自分の組織の目的は何で、その目的に対して自分はどのように役立っているのか、それを部下たちがしっかりと認識・自覚できるようになれば、組織に対する彼らのエンゲージメントが保たれるようになり、不幸な離職も防ぐことができるのです。

「壁にスローガン」だけじゃダメ、マネジャーが何度も言葉を投げかける

大事なメッセージは、壁に貼るのではなく、口にする

会社の壁に、スローガンを掲げている光景をよく見かけると思います。しかし、私のチームでは、大きなポスターにチームミッションを掲げたりはしていません。以前はミッションやスローガンなどを、壁に掲示していたこともありました。毎日使うコピー機の前には、コンプライアンス上重要な注意事項などを貼っていました。しかし、そういった掲示物は途中ですべて取り外しました。なぜかというと、大事なメッセージも、壁に貼られていると、そのうちただの〝景色〟に変わってしまうからです。

では、重要なメッセージをどうやって部下に浸透させていけば良いのでしょうか？**それは、マネジャーが「ひたすら口にする」ことです。**口にするといっても、ただ毎日復唱するだけではいけません。もちろん毎日復唱していれば、部下はそのうち暗記

するでしょう。しかし、それだけではいつまでたっても、その「本質」を理解してくれません。

部下たちは毎日多様な業務に追われるがあまり、その業務の「本質」を意識せず、目の前の業務をこなすことで手いっぱいになりがちです。マネジャーはひとつ一つの業務が持つ意味合いについて、しっかりと部下に伝えることが大切です。**担当している業務のひとつ一つが、チームミッションにつながっているということを部下たちに理解させることができれば、部下たちのチームに対するエンゲージメントは必ず上がります。**

1on1でチームミッションを部下に浸透させれば、チームの結束が強まる

１ｏｎ１ミーティングにおいても、チームミッションをマネジャーが口に出して語ることが大事です。部下が持って帰ってくる、良かった出来事も反省すべき出来事も、それらの出来事がチームミッションにどうつながっているのかを、マネジャーの視点で部下に伝えることです。**マネジャーが何度も何度も口にすることで、チームミッションは部下に浸透していきます。**「チームミッションに関しては一歩も譲らない」くらいの覚悟をマネジャーが示すことです。

部下が何人もいる組織では、マネジャーがすべての意思決定をすることは困難です。現場において、部下が自分で判断して決めなければいけない場面も、たくさんあります。その時に、**部下たちの判断基準となるものが、チームミッションなのです。**

部下たちが、バラバラの方向を向いていては、チームとしての力を発揮できません。**チームミッションを部下に浸透させるということは、根っこの部分での価値観を統一する、ということです。**マネジャー自身が何度もチームミッションを語り、向かうべきチームのベクトルを一致させていただきたいと思います。

第 7 章

部下タイプ別
コミュニケーション術

マネジャーは駅伝の監督と同じ、１ｏｎ１ミーティングで部下のタイプ・性格を見極める

部下の特性をしっかりと見定め、それぞれのペースに合わせて伴走する

部下にはいろいろなタイプがいます。みなさんのチームにもバラエティに富んだ個性的な部下がいるのではないでしょうか？「部下の強みを引き出すのがマネジャーの仕事」であることに違いはありませんが、言葉で言うほど簡単ではありません。部下によって仕事の実力、性格、考え方、育ってきた環境などは様々です。

本書では、１ｏｎ１ミーティングを軸に「部下の話を傾聴する」ことの大切さをお伝えしてきました。しかし、マネジャーとしてただ部下の話を聴けば良い、というわけではありません。部下のタイプに応じた聴き方、接し方、指導の仕方があります。

私も様々なタイプの部下と一緒に仕事をしてきました。「うまく育ってくれたな」

と思う部下もいれば、「もう少し違ったやり方があったかも」と反省させられる部下など、何が正解か分からない中で、試行錯誤を繰り返してきました。

マネジャーには「リーダー」の要素と「ファシリテーター」の要素が求められます。マネジャーがリーダーシップを発揮して、チームをグイグイ引っ張っていくことも大切ですが、部下がちゃんとついて来ているか確認することも大事です。部下によって実力はそれぞれ違います。得意な分野も違います。最も優秀な部下に基準を合わせれば、未熟な部下はついていけなくなりますし、逆に未熟な部下に目線を合わせ、丁寧に指導しようとすれば、優秀な部下は白けてしまいます。かといって、実力がちょうど真ん中あたりの部下を基準にするのも違うような気がします。

マネジャーは、部下のレベル、タイプに合わせ、どの期待値を示すのか、どういった役割を求めていくのかを、部下ごとにしっかりと見定めていく必要があります。つまり部下の数だけの「期待値」「目線」がないといけません。そして彼らがそれぞれ自分の強みを生かし、最高のパフォーマンスを発揮できるよう、前、後ろ、斜めから支援していく、つまり「ファシリテート」していくことが大切です。

お正月にテレビで放映される箱根駅伝を思い出してください。監督は伴走車の中から一生懸命、選手に声をかけます。監督の頭の中には「エースには何としても区間賞を狙わせ、トップとの差を縮めたい」とか「この選手は大きく順位を下げず襷《たすき》をつないでくれたらいい」など、箱根の10区間を走り抜く戦略があるはずです。

マネジャーも駅伝の監督と同じです。すべての部下にエースと同じタイムで走ることを期待したら、他の選手はついて来ることができません。**実力の異なる部下それぞれに目線を合わせ、その部下が最大のパフォーマンスを発揮できるよう、支援、つまりファシリテートするのがマネジャーの役割なのです。**

しかし駅伝では、伴走車の前で走っている選手は一人なので、監督はその選手の支援に集中すれば良いのですが、会社では部下全員がそれぞれのペースで同時に走っています。マネジャーは、チーム全体のパフォーマンスを上げようとするあまり、ペースが遅い部下にどうしても目が行きがちです。優秀なトッププランナーとのタイム差が気になって、ペースが遅い部下に無理をさせ過ぎると、パワーハラスメントにつながりかねません。しかも駅伝は調子の良い選手を選んでエントリーできますが、マネジャーは部下を選ぶことができないので、与えられた戦力で戦うしかありません。このあたりに、会社のチームマネジメントの難しさがあります。

悩みながらも部下と向き合い続けることで、マネジャー自身が成長できる

私も、今まで多くの部下を見てきましたが、その都度悩んできました。ペースの早い部下もいれば、ペースの遅い部下もいました。「なんで俺の言っていることを分かってくれないんだ」「なんでそんな風にしか考えられないんだ」。そう思う度に、部下たちの気持ちを想像し、必死に考えてはみるものの、いつも答えが見えてくるわけではありませんでした。今になって考えてみても、あの時の自分の接し方が正しかったのかどうか、分からないこともあります。

しかし、その部下との接し方に思い悩んできたプロセスの中にこそ、マネジャーとしての自分自身の成長があったような気がします。そういう意味で、今まで私が出会ってきた部下たちはみな、私の「恩師」であったと、本気で思っています。

第7章では、マネジャーとして私が今まで出会ってきた部下のタイプを紹介しなが

ら、私の成功体験、失敗体験を披露したいと思います。みなさんのチームに、全く同じタイプの部下がいるケースは少ないかもしれませんが、参考になるケースはあると思います。１ｏｎ１ミーティングで部下の話にじっくり耳を傾け、その部下がどんなタイプなのか、どんな性格なのか、理解を深めてください。そして部下とのコミュニケーションをより良いものに変えていっていただければと思います。

上司命令どこ吹く風、仕事命の熱血部下

「わが道を行くハイスペック社員」を味方につける方法

私が部下K君（35歳課長代理）に出会ったのは、マネジャーとして着任した2か所目の部署です。とにかく仕事熱心で、常にお客さまのことを第一に考え、仕事のスピードも抜群。彼の担当先のお客さまからは絶大な信頼を得ていました。頼られると嫌とは言えない性格で、相手の期待には常に120％で応えようとする姿勢は見事でした。社内でもK君を慕う後輩たちは多く、抜群の人気を誇っていました。

そんなK君ですが、目上の人との接し方は、お客さまや後輩たちのそれとは全く異なるものでした。私が「K君ちょっといいかい？」と声をかけても、私の方を振り向きすらせず、作業中のパソコン画面を見たまま「今、忙しいっス」のリアクション。伝えておきたいことがありK君を呼び止める時も、「もう出かけます、メールしてお

いてください」と言われることもよくありました。

最も困ったのは、Ｋ君自身が納得しないと、会社の方針に従おうとしないことでした。会社の命運をかけた新商品が発売され、全社一丸となった拡販キャンペーンが展開された時でさえ「新商品はお客さまのニーズに合っていない」と言って全く販売しようとしなかったのです。その新商品は間違いなくお客さまのニーズを満たす商品でしたが、Ｋ君自身がその新商品に納得していなかったのです。しかもＫ君は、当時のチームの中でマネジャーの私に次ぐNo.2のポジションでした。新商品に対するＫ君の否定的な姿勢を見ていた後輩たちも、「Ｋさんが売らないんだったら…」と、ネガティブな雰囲気がチームに広がってしまいました。

私の前任のマネジャーからも「扱いにくい」とは言われていたのですが、ここまでの〝Going My Way〟タイプだとは思ってもみませんでした。私はＫ君をどう説得すれば良いか、悩みに悩んだ結果、Ｋ君の性格に合わせた〝硬軟織り交ぜた話し方〟をしようと決めました。そして、少しドキドキしながら会議室にＫ君を呼びました。

何か都合の悪い話をされるだろうと察していたK君は、「なんすか？」と少し構えた態度で席に着きました。「いいかK君。君は当社のバッジを付けているからお客さまの会社に出入りできるんだよね？　うちの会社は保険会社だが、会社がある日突然〝タコ焼きを売れ！〟と言い出したら、我々はタコ焼きを売らなきゃいけないんだよ。タコ焼き売るのが嫌なんだったら…、バッジを外さないといけないよね？」

私の少し強い口調に対し、K君は少し憮然《ぶぜん》とした態度ながらも、反論できないといった様子でした。言い方を間違えれば「俺の言うことが聞けないんだったら、バッジ外して会社辞めろ！」とも受け取られかねないリスクはありましたが、責任感が極めて強いK君は、〝会社のバッジ〟という言葉を前向きに理解してくれると、私は読みました。

さらに「K君を後輩たちが慕っているのはよく分かる。今のチームで最も影響力があるのは、マネジャーの俺じゃなくてK君なんだ。K君が新商品を販売してくれたら必ず後輩たちも後に続いてくれる。何とか力を貸してもらえないだろうか？」

この言葉にK君の表情が一瞬和らいだことを覚えています。それからのK君は今までとは別人のように新商品を販売してくれるようになり、チームとしても新商品拡販の機運が一気に高まりました。新商品の拡販スタートダッシュに出遅れた私のチームでしたが、なんと1年後には、新商品販売ランキング全国トップ3に入賞。マネジャーとして私は本社で表彰されたのです。

「部下個人の世界観」を尊重してあげることが大切

この話には後日談があります。K君は日頃、目を三角にしてパソコンにかじりつき、会社を出たり入ったり、いつも忙しそうです。会社ではマネジャーが話しかけづらい雰囲気があったK君ですが、一度二人でゆっくり話そうと考えていた私は、ある時、勇気を出してK君を居酒屋に誘いました。居酒屋でお酒を酌み交わしながら気付いたのは、K君の様子が会社とは全く違うということでした。私の話に相槌を打ちながら耳を傾け、会社での雰囲気とは打って変わって素直なのです。そしてよく笑うのです。しかもその笑顔がまたかわいい！　はっきり言って会社にいる時とは別人でした。

飲み会が終わった帰り道で私は思いました。「K君の極端なマイペースや頑固なところは、それだけ仕事に対してストイックであり、一生懸命ということなんだな。仕事から完全に離れた飲み会で見せたあの顔が、K君の本当の顔なんだ」。それからの私は、K君の仕事をできるだけ尊重しながら、チームの目標を達成するためにK君の力を借りる、というスタンスに変えました。

優秀だが、一見扱いにくいと思える部下こそ、自分の味方になってくれたら、これほど心強いことはありません。そういった部下は〝自分の世界観〟を持っています。そういった部下がみなさんのチームにもいるなら、彼らの世界観を大切にしてあげてください。そして、チーム力が最大に発揮できる接し方を、是非考えていただければと思います。

仕事は一生懸命、でも平均点以下の部下

定期的に1on1ミーティングを実施し、早い段階で部下の異変に気付く

部下の中には、メンタルが強い人もいれば弱い人もいますが、その強さを測れる「モノサシ」はありません。部下の性格も違えば、その時置かれている状況によっても変わってきます。部下のメンタルケアをテーマとした研修などで、「部下の様子に気を配りましょう」と言われることがあります。「遅刻が目立つようになった」「ミスが目立つようになった」といったものですが、そういった明らかに目に見える症状が出てきた時は、既に「赤信号」です。そうなる前にマネジャーが気付き、部下に接するスタンスを変える、仕事内容に配慮する、などといった対策が必要です。

マネジャーは、普段から部下の「小さな異変」に気を付けなくてはなりません。マネジャーに話しかける頻度が減っていないか、周りのメンバーとのコミュニケーショ

ンが減っていないか、家族事情などプライベートで問題が起きていないか、などです。マネジャーは、そういった部下の小さな異変を察知できるよう〝アンテナを張り巡らせておく〟という意識をもつことが大切です。

もちろん、言葉で言うほど簡単ではありません。マネジャーにも自分の仕事があります。忙しさのあまり、部下の小さな異変に気付かないこともあるでしょう。毎日、部下全員とコミュニケーションをとるのが理想ですが、外出する営業担当だと、マネジャーとすれ違うことも多いはずです。弱みを見せずに頑張るタイプの部下だと、そもそも異変が見えにくいこともあります。

そこで有効なのが、１ｏｎ１ミーティングです。**月１回、定期的に実施すれば、少なくとも１ヵ月以上、部下の異変をスルーしてしまう、というリスクは回避することができます**。毎月の１ｏｎ１ミーティングを繰り返していくうちに、マネジャーの部下に対する理解が深まり、次第に部下のメンタルの強さが見えてくるようになります。そうなれば、１ｏｎ１ミーティング以外のシーンでも、部下の小さな異変に気付きやすくなります。では、メンタルが弱いと思われる部下に対して、マネジャーはどう接したら良いのでしょうか？

完璧主義はダメ──部下の特性に応じて「及第点」を変える

マネジャーになる人たちは、プレーヤー時代に実績を上げてきた優秀な人たちがほとんどです。自分に対して厳しい人たちなので、部下にも〝１００点〟を求めがちです。そういう私も、マネジャーになりたての頃は、ついつい部下に１００点を求めていました。

テストでは、通常「１００点以外不合格」といったことはありません。**合格と不合格の間には、必ず〝及第点〟があります。この及第点を、部下に合わせて変えるのです。**「この部下はタフで積極性もあるから80点くらいとって欲しいな」、「この部下は最近調子が悪そうだし、打たれ弱い面もあるから、50点とれていればいいだろう」といった感じです。メンタルの強さだけでなく、部下の役職や経験などに応じて及第点を変えるフレキシブルさが、マネジャーには求められます。

「平均点」は一つじゃない――部下ごとに〝伸びしろ〟と〝許容量〟を考える

部下の仕事の完成度を上げるため、さらに良い点数を取らせようと指導するマネジャーは多いと思いますが、その際にはプレッシャーの与え方に注意が必要です。例えば、平均点80点の部下の点数を90点に上げる指導と、平均点50点の部下の点数を60点に上げる指導があったとします。目標は、同じプラス10点です。しかも、平均点が50点の部下の方が〝伸びしろ〟が大きいことをふまえると、こちらは70点（プラス20点）を目指してもいいように思えます。

しかし、ここに落とし穴があります。部下によって〝許容量〟が違うのです。つまり、平均点50点の部下が、プラス10点の指導に耐えられるかどうか、という視点です。私の経験では、平均点が低い部下の方が、許容量は小さいです。だからこの場合、平均点80点の部下は95点（プラス15点）を目指し、平均点50点の部下は55点（プラス5点）を目指す指導、といったマネジメントも必要になってきます。このマネジメントを誤るとどうなるか。平均点50点の部下の、ストレッチ部分（56～60点）が、部下の許容量を超えてしまい、部下にとっては指導を超えたもの、つまり「パワーハラスメント」になってしまうのです。

第7章の冒頭でも書いたとおり、会社のマネジャーは駅伝チームの監督と同じです。特に〝熱血監督〟は、部下の許容量を超える指導をしてしまいがちです（私もこのタイプでした）。**部下の実力や、メンタルの強さを、１ｏｎ１ミーティングを通じてしっかりと見極め、指導を超えたパワーハラスメントに陥らないよう、気を付けていただきたいと思います。**

定年間近の超ベテラン年上部下

「引退が近いベテラン社員」の心に、もう一度火をつける方法

Tさん（52歳主任）の噂は、私がマネジャーとしてTさんのいる部署に着任する前から聞いていました。私にとってその部署は5回目の赴任先だったのですが、Tさんは11回もの転勤を繰り返していました。私の会社の転勤サイクルは早くて3年、長いと7～8年なのですが、Tさんの転勤サイクルは平均2～3年。転勤回数が異常に多く、いわゆる〝たらい回し〟状態でした。52歳といえば、私の会社ではたいていは担当課長か、少なくとも課長代理には昇進している年齢です。しかも、前任地のチームには、自分より年下の部下しかいなかったこともあり、私は自分より7歳も年上の問題部下と、どう接したら良いのか悩みながら着任しました。

Tさんに対して、私は一方的に〝偏屈で頑固な中年社員〟というイメージを抱いていましたが、実際のTさんは全く違いました。物静かで極めて温厚。年下マネジャーである私に対しても非常に低姿勢な方でした。私は、Tさんの過去の評価や噂にとらわれず、偏見も捨て、もう一度モチベーションを上げてもらうつもりで接しました。Tさんと二人で行った居酒屋での「竹野さんの下でまた頑張ります！」という前向きな発言に、私はTさんの〝復活〟を期待しました。

ところが、私がTさんに抱いていた淡い期待は、ことごとく裏切られます。指示したこと以外は全くやらない、お客さまへの提案活動が全くできない、自らチームメンバーとコミュニケーションをとろうとしない、など私が期待する行動レベルには遠く及ばなかったのです。

「やはり営業はムリか…」。私が諦めかけていた頃、TさんとN主任のやりとりが私の目に入りました。「Tさんありがとうございました！　本当に助かりました」としきりにN主任がTさんにお礼を言っているのです。Tさんも、はにかみながら嬉しそうな表情です。N主任に何のお礼を言っていたのか聞いたところ、「最近忙しくて、お客さまの契約書類を作成する時間が取れないんです。だからTさんに助けてもらっているんです」とのこと。私はＮ主任の話を聞いて「これだ！」とひらめきました。

私のチームは営業課ですが、お客さまの契約書類の作成や、代理店への説明会資料の準備など、事務作業もかなりあります。部下たちが、そういった準備に相当時間を取られていることを知っていた私は、思い切ってＴさんを外回りの営業担当から外し、代わりにチーム内の事務作業をすべて任せようと考えました。

しかし、Ｔさんへの説明の仕方には注意が必要でした。伝え方によっては「営業を外された」とＴさんのやる気をさらに下げかねません。私は１ｏｎ１ミーティングでＴさんにこう話しました。「営業担当はお客さまとの〝最前線〟で戦うために、様々な準備に時間をかけています。準備なくして営業担当は最前線で戦えません。最前線に準備物資を送るチームの要《かなめ》、いわば〝補給線〟として、Ｔさんの力をお借りすることはできないでしょうか？」

これを聞いたＴさんからは「分かりました！　私が〝補給線〟を担うことでチーム全体の力が上がるのであれば、是非やらせてください！」と心強い反応が返ってきました。営業は苦手でも、何らかの形でチームに貢献したい、という気持ちがTさんからは伝わってきました。次の日から、契約書類の作成をすべてTさんに任せたため、他の部下たちは業務の効率化が図れたと大喜びでした。

マネジャーが上手に〝パズル〟を組み立てれば、どんな社員も活躍できる！

ある日、Tさんが大量の契約書類を作成していたので、私は労いの言葉をかけながら、念のためTさんが作った書類の完成度をチェックしていました。厚さ5センチくらいの書類を順番にチェックしていくと、なんだか変です。自動車保険の申込書は両面で、表がお客さまの名前や住所、裏が補償内容になっているのですが、表と裏がすべて一人ずつズレているのです！　どうやったらこんな器用な印刷の仕方ができるのか戸惑いながら、「Tさん！　こんなの配ったら情報漏洩になるじゃないですか！」と言って、冷や汗をかきながらすべて作り直してもらいました。こんな感じで、想定の範囲を超えるミスをするTさんではありましたが、任せている業務は比較的単純なものばかりだったので、ミスを細かくチェックするうちに、仕事の精度は着実に上がっていきました。

しばらくすると、他の部下たちが会社に帰ってきた時に、「Tさんありがとうございました！　ホント助かりました」「Tさん、急にムリ言ってすみませんでした！」など、Tさんにお礼を言っているシーンを見かける機会が増えてきました。社内でも「ちょっとお願いしたいことがあるんですが」と、他の部下からTさんへの頼みごとが増えていき、Tさんも「仕方ねーなー」と言いながら、年齢で二回りも年下の後輩たちの頼みごとを、嬉しそうに受け入れてくれる姿を頻繁に見かけるようになりました。

こうして、Tさんを中心とした、今までになかったコミュニケーションが生まれ、チームは明るくなりました。他の部下たちも、今まで以上に営業活動に専念できるようになりました。今では、産休明けの時短社員の内務業務までTさんがカバーしてくれるようになり、もはやTさんはチームに欠かせない存在となりました。Tさんは私のチームで今年7年目を迎えます。もちろんTさんにとって、最長の在籍期間です。

〝適材適所〟とは少し乱暴な言い方ですが、**部下の特性を見極めて、最高のチーム力が発揮できるよう〝パズル〟を組み立てるのもマネジャーの重要な役割です。**部下の苦手な分野に固執せず、部下の力をどう活かせば良いか、部下との１ｏｎ１ミーティングで見つけ出していただきたいと思います。

価値観の理解が欠かせないＺ世代部下

「出世より安定を重んじる部下」の力を、最大限まで引き出す方法

「将来は出世してマネジャーになれたらいいなと思ってはいますが、プライベートを犠牲にしてまで出世したいとは思っていません」

これは、仕事を通じて将来どんなビジネスパーソンを目指したいのかについて、１ｏｎ１ミーティングで新入社員Ｄ君に聞いた時の一幕です。Ｄ君は２０００年代生まれの、いわゆる〝Ｚ世代〟です。彼は私の問いかけを、仕事をとるかプライベートを優先するか、の二者択一と解釈したようでした。

少し気まずそうに答えるＤ君に対し、私はうなずきながらこう言いました。「なる

ほど。確かにプライベートが充実しないと仕事に張り合いは出ないもんな。でも心配しなくていいよ。キツイこと言うようだけど、その考えじゃD君は出世しないから。もっと言うと、出世するしないは周りが決める話であって、D君が決める話じゃないからね」。

「管理職にはなりたくない」「昇進には興味がない」「エラくなる必要がない」と考えている若者が最近増えていると聞きます。管理業務がどんどん増え、多忙を極めるマネジャーを横目に見て「大変そう」「そこまでして出世したくない」と思うのかもしれません。

しかし、ほとんどの若者は、そもそも出世したら何をやるのかを理解していません。どうすれば出世できるのかもよく分かっていません。そして「仕事かプライベートか」という二者択一としての考えしか持ち合わせていないことが多いです。これは、働くということの意義を若者にしっかり伝えていない、我々マネジャーにも責任があると思います。

私の反応に対してD君は少し慌てた様子で、「でも仕事は嫌いじゃないんです。仕事ができる〝カッコいいビジネスパーソン〟にはなりたいんです」と少し力強い言葉を返してきました。私は「いいんじゃない。だったらカッコいいビジネスパーソンを目指そうよ。その姿勢をずっと貫いていけば、D君は自ずと出世すると思うよ」と伝えました。出世がプライベートの犠牲を前提に成り立っていると思い込んでいたD君でしたが、ビジネスパーソンとしての成長の延長線上に出世があることが理解でき、スッキリと腹落ちした様子でした。

Z世代は、仕事の意味や意義を聞いて納得しないと動きません。**その仕事はチームにとってどう位置付けられているのか、働くということは人生においてどんな意味があるのか、そしてチームにとってその部下の存在意義とは何なのかを、マネジャーが自分の言葉で伝えることが大切です。**

また、Z世代は非効率なことが嫌いです。効率的なことを好み、不確実なことや、ムダと思われることを嫌がります。経済が右肩上がりに成長していた高度経済成長時代とは異なり、現代は不確かな要素が多すぎて、いつ大きな変化が訪れるか分からない不安定な時代です。そんな時代に生まれ育ったZ世代は、不確かな情報をもとにムダに動いて状態を悪化させたくない、というのが正直なところなのだと思います。

これにはＩＴ技術の進展が大きく影響しています。我々の生活にはスマートフォン（スマホ）が欠かせなくなりました。美味しいと噂のお店にランチを食べに行く時は、Googleマップでお店の場所を見て、定休日と営業時間をチェックし、人気メニューを食べログで確認してから出かけます。天気が怪しければYahooアプリで天気予報をチェックし、雨雲レーダーを確認する人も少なくないでしょう。

このように、我々現代人は、ＩＴ技術の進展によって不確実なこと・ムダなことを省くのに慣れてしまっているのです。物心ついた頃からスマホがある生活環境で育ったZ世代はなおさらです。

部下が「量」をこなして「質」を得られるまで、見守り支え続ける

ところが、人材育成だけは効率化することは困難です。例えば、書店に出向いてビジネス書を買い漁れば、仕事に役立つ情報はいくらでも入手することができます。し

かし、**ビジネススキルを「知っている」のと、自分がそれを「使いこなせる」のとでは雲泥の差があります。**ビジネススキルを自分が思うように使いこなせるレベルにまで引き上げるには、数限りなく繰り返すしかありません。そこを省略して効率的に身に付けようと思っても、実際の仕事で使えるレベルの実力は絶対に身に付きません。**「量」なくして「質」は絶対に獲得することはできないのです。そういう意味でビジネスとスポーツは全く同じです。**

私の知人に報徳学園高校の野球部コーチを務める、宮崎翔さんという人がいます。報徳学園は春夏通じて甲子園37回、全国優勝3回を誇る超強豪校です。報徳学園出身で甲子園出場経験のある宮崎さんは、「後輩たちにも甲子園の土を踏ませたい！」という夢を捨てきれず、いったん入社した三井住友海上を退社して教員免許を取得。見事、報徳学園の教員への転身を果たしました。その宮崎さんが高校時代に学んだ座右の銘で、私にも教えてくれた言葉があります。それは「意識、意識、意識、無意識」というものです。

野球のバッティングには「素振り」が欠かせません。剛速球投手がひしめく甲子園で勝つために、バットを最短距離で鋭く振り抜く意識で素振りを何千回、何万回と繰り返すのです。いずれ身体が理想のバットの軌道を覚え、時速１４０㎞を超える剛速球にも身体が無意識で反応し、ヒットを打つことができるようになるというのです。

Ｚ世代社員が、ビジネススキルを身に付けて、〝カッコいいビジネスパーソン〟になるためには、スポーツ同様、「量」をこなすことが欠かせません。ビジネススキル習得の「意識」を持ち続け、「無意識」でできるようになるまで、マネジャーが見守り続けることが大事です。もちろん指示しっぱなしではいけません。**成長度合いに応じて方向を修正しながら、時折「良くなったな」と声をかけてあげてください。たったその一言だけで、彼らは「マネジャーは見てくれている」という安心感を覚えます。そういうマネジャーが、Ｚ世代部下を早く成長させるのです。**

会社というコミュニティを通じ、将来自分の足でしっかり歩いていける「足腰の強いＺ世代社員」を育てるのは、マネジャーであるあなたです。

見切りは早い、転職予備軍若手部下

なぜ最近の若者は入社3年で辞めるのか？
――離職率低下のためにマネジャーがやるべきこと

厚生労働省の２０２２年10月統計データによると、２０１９年卒業の就職者における離職率は、高卒で35・９％、大卒で31・５％と、いずれも３割を超えています。また、会社の規模によっても新卒者の３年以内離職率は顕著な差を示しており、会社の規模が小さくなるほど高くなる傾向にあります。例えば、従業員数１０００人以上の企業の離職率が25％前後であるのに対し、従業員数１００人未満の企業になると、約40％まで跳ね上がります。そして新卒者の離職理由の常に上位を占めるのが「仕事内容が自分に合っていない」です。

今の世の中は、スマホを通じてあらゆる情報が簡単に手に入る時代です。しかも

Googleなどの検索エンジンは、ユーザーが見たくないような情報を遮断するアルゴリズム（フィルターバブル）が働いていたり、ＳＮＳなどの交流の場では、自分と同じような意見だけが集まってくることで、自分の考えや意見が増幅される現象（エコーチェンバー現象）が起こります。自分の意見が正しいと思い込むタイプの若者が増えてきている理由のひとつに、こういったインターネット環境の影響が指摘されています。

今の仕事が自分に合っていないと感じている若者が、「〇〇業界 評判」などとインターネットで検索をすると、その職種に対するネガティブな情報が検索結果に表示されたりします。ＳＮＳなどの交流の場にも、同じネガティブな意見を持った者のコメントがたくさん書き込まれていたりします。そういったものを見ているうちに、次第に「やはり今の仕事では自分の能力が生かされない」「自分はもっと違う仕事で能力を発揮するべきだ」と考えるようになります。これは入社3年目くらいで辞める社員がよく陥りがちな思考パターンです。

今の若者たちは、子供の時からゲームやスマホなどを親から与えられて育った世代です。だから「仕事のやりがい」も誰かから与えてもらえると思っている。それはどこかに用意されていて、インターネットで検索すればきっと見つかると考えている。極端な言い方ですが、今の若者の間には少なくともそういう雰囲気があることは確かです。だから辞めるのも早いのです。

しかし彼らも、入社した当時は1年や2年で辞めるつもりなどなかったはずです。自分の性格や、自分のやりたいことと向き合い、真剣になって就職先を選んだはずです。それがわずか数年も経たないうちに3割から4割も辞めていってしまう。果たしてこれは、彼ら若者だけの問題なのでしょうか？

情報化が進んだ現代社会においては、「大量の情報」にアクセスすることは容易になりました。しかし「正しい情報」にアクセスするためには、情報を選別する能力が求められます。その点、**若者には、何が正しいのかを判断し必要な情報を選びとる能力、そしてその前提となる社会経験が足りていません。それを補ってサポートしてあげるのが、マネジャーの重要な役割なのです。**

1on1ミーティングで、部下が〝仕事の本質〟を理解できるように導く

入社3年目あたりまでの若手社員を部下に持つマネジャーは、特に丁寧な１ｏｎ１ミーティングを行う必要があります。「最近少し様子が変だな」とか、「ちょっと元気がないな」といった兆候が見られても、彼らが自分から話し出すまでは待ってください。決して問い詰めてはいけません。その上で、「今の仕事にやりがいが持てない」「仕事が自分に向いていない」といったような発言が出てきたら、焦らずにじっくり時間をかけて対話します。

入社当時はどんな夢や希望を抱いていたのか、もう一度聞いてみてください。多忙な毎日の業務の中で〝初心〟を忘れていくのは、ある程度仕方のないことです。そこで、忘れかけた初心を１ｏｎ１ミーティングで思い出させて欲しいのです。部下の仕事が、どうお客さまの役に立っているのかを伝えるのです。つまり、**今やっている〝仕事の本質〟をしっかりと伝え、入社当時に抱いていた夢や希望と、今の仕事がどうつながっているのかをマネジャーとして伝えてあげることが大事です**。今やっている〝仕事の本質〟と彼らの〝やりがい〟の間にはきっと接点があるはずです。それを一緒に見つけてあげてください。

中には、自分で選んだ業種・職種が、やってみたら本当に向いていなかったというケースもあります。その場合は早めにリセットして、違う業種・職種で再スタートした方がいいかもしれません。しかしながら、**ほとんどの場合は「能力と仕事内容のミスマッチ」ではなく、「仕事の本質に対する理解不足」であることが大半です**。仕事の本質を理解せぬまま転職すれば、次の職場でもまた「ミスマッチだ」と感じることになります。こうして、若者の不幸な転職が繰り返されることになるのです。

「今の仕事が自分に向いていない」と部下に相談されたら、私はこう言うことがあります。「今の仕事内容が永遠に続くと思ってない？」。若者は経験が浅いだけに、今与えられている仕事がこの先もずっと続くと考えがちです。しかし、会社では、転勤もあれば、部署移動もあります。自分から希望部署への異動を願い出ることができる会社もあるでしょう。入社当時の仕事内容がずっと変わらないというのは、若者の思い込みにすぎないのです。

若い頃の経験が、将来どのような形で役立つのかなんて、後になってみないと誰に

も分かりません。経験の浅い若手社員の視野を1on1ミーティングで広げてあげることは、経験豊かなマネジャーの重要な役割のひとつです。マネジャーがこの役割をきちんと果たせば、若手の「不幸な離職」は必ず減っていくはずです。

育成が難しいと思ったら…

マネジャーの仕事はチームの力を高めること――一人の部下に固執しすぎない

みなさんの部下の中にも、人材育成が思うようにいかず、手を焼いている部下が一人や二人はいるのではないでしょうか？　前章でもお伝えしたとおり、マネジャーは部下育成を通じて人間的に成長することができます。だから、自己成長のためにも、どんな部下であっても正面から向き合って対話を続けていただきたいと思います。しかしながら、我々マネジャーはカリスマコンサルタントではありません。どんな部下でも育成できるというわけではありません。

私の苦い経験をお話しします。メンタルの不調による休職から復職してきた部下を何人か受け持っていた時のことです。その中の一人にNさんがいました。Nさんは仕事の得意分野に偏りはあるものの、お客さまからの評判は良い方でした。もちろん、他の部下と分け隔てなくNさんとも毎月１ｏｎ１ミーティングを実施していました。

ある時から、私はNさんと１ｏｎ１ミーティングをやっている中で違和感を覚えるようになりました。Nさんの本心が全く伝わってこないのです。仕事の様子を聞いても「大丈夫です」の一言だけ。私からプライベートの話を振ってみても、乗ってくる様子は全くありません。客先での情報も私には全く報告してこなかったので、「それでは困る」と報告するよう何度も指示しましたが、変わることはありませんでした。

Nさんとどう接すれば良いか、さんざん悩んだ挙句、私はメンタル不調時代にNさんを担当していた健康管理室の産業医に相談することにしました。すると産業医からは「Nさんとコミュニケーションをとるのは難しいと思いますよ」と言われました。それを聞いた瞬間「産業医ですら難しいと言っている部下を、そう簡単に自分が育成できるはずがない」と気持ちが吹っ切れたことをよく覚えています。自分の頭がNさんのことでいっぱいになっていることに気付き、その分、他の部下に対する意識が薄れていることにも気が付きました。

マネジャーは、チームメンバー各人のポテンシャルを引き出し、チーム全体のパフォーマンスを最大化しなければなりません。マネジャーである以上、Nさんが働きやすい環境をつくることはもちろん大切ですが、他のメンバーのことがおろそかになってしまってはいけません。そこで、Nさんを意識するあまり他のメンバーへの働きかけが不十分になっていたことに気付いた私は、Nさんへの積極的な関与を弱めました。

Nさん以外にも、ウソの報告をしてくる部下（何度もハメられました）や、何回言っても〝臭いものにはフタ〟の発想でトラブル事案を隠す部下など、私の手に負えない部下が過去に何人かいました。その度に私は書店のビジネス書コーナーに足を運び、「問題社員の育て方」的なマネジメント本を必死で探しましたが、結局、私のニーズを満たしてくれるマネジメント本を見つけることはできませんでした。人材育成に関するビジネス書は数えきれないほどありますが、本当に困った部下を育てることができるようなノウハウが記された本はないのだと気付きました。

そのことに気付いてから、私は「部下全員を一律に育てようとする発想は捨てよう」と頭を切り替えました。つまり、「部下の力量・特性に応じてメリハリのある人材育

成をしよう」と決めたのです。みなさんも「カリスママネジャーでもない限り、部下全員を育成することなどムリ」と割り切って、チームのポテンシャルを最大化できる人材育成を意識していただければと思います。

「大人の発達障害」について理解を深める

最後に「大人の発達障害」について少し触れておきたいと思います。「何度言っても優先順位を理解できない」「興味がある仕事だけは一生懸命やる」「余計な一言で相手を怒らせる」「会議で発言している人がいるのに、途中で割り込んでくる」。こういった特徴が多く見られる部下は、大人の発達障害の可能性があります。「自閉スペクトラム症（ＡＳＤ）」や「注意欠如・多動性障害（ＡＤＨＤ）」と呼ばれるものです。幼児期に発達障害と診断されても、成長するにしたがって症状が消える子もいますが、消えずにそのまま大人になるケースも多く、20人に1人が大人の発達障害であるというデータもあります。

「大人の発達障害」の人は、「仕事ができない」「空気が読めない」などと言われたり、周りとのトラブルを引き起こしやすく、上司からパワーハラスメントの標的になることも少なくありません。

「大人の発達障害」かどうかは専門医に診断してもらう必要がありますが、もしそのような特徴を持つ部下を受け持つことになったら、発達障害に対する理解を是非深めてください。ひとつ明確に言えることは、彼らには「悪気がない」ということです。**「大人の発達障害」は部下の特徴のひとつと考え、特徴に配慮したマネジメントを心掛けてください。**例えば、どうしても優先順位が理解できない部下がいれば、共有ノートを作ってタスクを「見える化する」とか、マルチタスクの頻度が低い業務に役割を変えるといった工夫をしてみてください。対処法はいくらでもあります。

今はダイバーシティ（多様性）の重要性が注目されている時代です。個々の部下の違いや特徴を認め、尊重し、最高のチームパフォーマンスを引き出せるマネジャーを目指してください。

おわりに

離職率ゼロが本当に良いことなのか？

私は保険会社での8年のマネジャー経験の中で、30人以上の部下と延べ400回を超える1on1ミーティングを実施してきました。私の1on1ミーティングが、部下のエンゲージメントにどれだけ寄与できていたかは分かりませんが、本書のタイトルに「離職率ゼロ」とあるとおり、その間に会社を辞めた部下は一人もいません。

先の項で述べたとおり、最近は入社して3年程で辞めてしまう若者が少なくありません。高い志と目標を持って入社してきた新卒者の3人に1人が、3年後には会社を去っていくのが現代社会の実態なのです。

しかし、はじめから3年で辞めようと思って入社してくる人などほとんどいないはずです。3年で辞めてしまうのには何か原因があると考えるべきでしょう。「自分の希望する仕事ではなかったから」「能力・実績が正当に評価されなかったから」「会社の経営方針に不満を感じたから」など、様々な理由が考えられますが、一番に思いつくのは、やはり「職場の人間関係」ではないでしょうか。これは、少し見方を変えれば、職場の人間関係、特に上司との人間関係が良好であったならば、仕事に対する価値観、人事評価、会社の経営方針に対する理解も異なり、仕事に対するモチベーションが下がることもなかった、ということではないでしょうか。

私は「離職率ゼロ」が必ずしも良いとは思っていません。多様性を学び見識を広めるという意味において、違う業界に転職したり、出向を経験するということは大変有意義です。実は私も２０２３年４月から、三重県の自動車販売ディーラー代理店に出向しています。自動車販売という保険会社とは違う業界で全く異なる企業文化に触れ、三井住友海上では得られなかった貴重な経験をさせてもらっています。何より、出向先で自分の〝存在意義〟を感じ、仕事の新たな楽しさを発見することができました。出向先での新しい部下との１ｏｎ１ミーティングも、今後実施していきたいと考えています。

しかし、入社してわずか3年で辞めていく若者が、自分の存在意義を感じていたとは、私には到底思えないのです。仕事で辛いことがあっても「ちょっと我慢すればいい」「大したことじゃないから」と誰にも言わずに一人で抱え込んでいるうちに、小さな我慢が蓄積し、心身の疲れとして溜まっていく。上司とのコミュニケーションも不十分で、相談する相手もいない。仕事の楽しさどころか、自分の存在意義まで見失い、結果的に会社を辞めるという選択肢しかなくなってしまう。こういった若者の「不幸な離職」を少しでも減らしたい、その一心で私は本書の筆を執りました。

長時間労働の是正や、多様で柔軟な働き方を実現することで仕事と生活のバランスをとる、いわゆる「働き方改革」や「ワークライフバランス」の重要性が叫ばれるようになってから久しいですが、私は以前からこれらの言葉に違和感を抱いていました。残業時間が減れば仕事は楽しくなるのでしょうか？　本当にやりがいのある仕事なら、残業してでもやりたいと思うはずです。それに我々は人生のかなりの時間を仕事に費やします。仕事と生活を分けて考え、うまくバランスをとることなど本当に可能なのでしょうか？

今、社会に求められていることは「働き方改革」ではなく「働きがい改革」なのです。自分がどれだけ組織の役に立っているのか、つまり「組織へのエンゲージメント」と「自分の存在意義」をどれだけ感じながら働くことができるか、という視点の方が大切なのではないでしょうか？　誤解を恐れずに言うならば、「ワークライフバランス」ではなく、「ワーク イズ ライフ」または「ライフ イズ ワーク」なのです。人生においてかなりの部分を費やすことになる「ワーク」が、充実したもの、有意義なものでなければ、自分の「ライフ」が豊かになるはずがありません。人は「ワーク」を通じて学び、成長していくのです。

本書では1on1ミーティングをテーマに、部下の人材育成についてお話してきました。部下の小さな悩みに耳を傾けることで、部下ひとり一人との関係性は必ず深化します。部下と真剣に向き合い、仕事のやりがいを一緒に見つけてあげてください。部下の存在意義を一緒に確かめてあげてください。

マネジャーという職業は、部下の人生をあずかる、やりがいに満ちたものです。あなたにとって本書が、マネジャーとしての存在意義の再発見につながれば、筆者としてこれ以上の幸せはありません。

本書を企画・執筆・出版するにあたり、ネクストサービス株式会社の松尾さん、大沢さん、先輩、同僚のみなさんには大変お世話になりました。自由国民社の三田編集長、担当の伊藤さんのお力添えがなければ、本書の出版は実現しませんでした。すべての下書き原稿を読んで、いつも率直な感想を聞かせてくれた妻の喜代美には感謝しています。

そして何より、本書を手に取って最後まで読んでくださった読者のみなさんには心から感謝を申し上げます。ありがとうございました。

竹野　潤

◆ プロフィール

竹野　潤（たけの じゅん）

三井住友海上火災保険株式会社　三重支店部長
日本産業カウンセラー協会認定　産業カウンセラー
1on1ミーティングプロフェッショナルコーチ

1972年生まれ。兵庫県姫路市出身。1995年に国立静岡大学を卒業し、三井海上火災保険（現三井住友海上火災保険）に入社。姫路、東京、名古屋で金融機関や自動車販売ディーラーなどの幅広い営業を経験し、2015年にマネジャーに昇進、2023年には部長職に昇進した（同年から三重県の自動車販売会社に出向中）。マネジャーとして業績全国1位、県別マーケットシェア6年連続拡大などの好業績を維持しながら、指導した部下は8年間で1人も辞めていない。

マネジャーとして初めて赴任した札幌では、挫折を味わう。「部下を指導する」ことを意識し過ぎるあまり、自分の価値観が前面に出てしまい、部下の考えを理解するという発想に至らないまま、わずか2年で異動を命じられる。

次の赴任地では、心機一転「部下の話に耳を傾ける」ことを決意し、500冊以上のマネジメント書籍を読破。産業カウンセラーの資格取得を通じて「傾聴スキル」を身に付け、「1on1ミーティング」×「産業カウンセラーの傾聴スキル」のマネジメントスタイルにたどり着く。5年間で行った毎月定例の1on1ミーティングは延べ400回以上に及ぶ。1on1ミーティングを通じて、心理的安全性が高い、業績全国1位のチームをつくり上げた。

座右の銘は「マネジャー・部下ともに仕事を通じて成長し人生を豊かにする」。人材育成に重きを置いたマネジメントを実践しながら、より強いチームをつくることを目指し、飽くなき挑戦を続けている。

▼セミナー・個別コンサルなどのご相談はこちら▼

竹野 潤　公式サイト　https://juntakeno.com/

離職率ゼロ！部下が辞めない1on1ミーティング！

2023年11月13日　初版第１刷発行
2024年10月 8 日　初版第４刷発行

著者　竹野 潤

カバー　小口 翔平＋後藤 司（tobufune）
本文デザイン＆DTP　（株）明昌堂

発行者　石井 悟
発行所　株式会社自由国民社
〒171-0033　東京都豊島区高田３丁目10番11号
電話　03-6233-0781（代表）
https://www.jiyu.co.jp/

印刷所　新灯印刷株式会社
製本所　新風製本株式会社
企画協力　松尾 昭仁（ネクストサービス株式会社）
編集担当　伊藤 宗哲